城市居住形态演化发展研究

以南京老城区定量分析为例

张四维·著

东南大学出版社
·南京·

内 容 提 要

居住空间形态研究一直是城市研究的重要内容之一,与所处的社会发展背景紧密相关。一方面,进入21世纪以后我国的社会经济发展进入了一个新的阶段,社会、经济、政策背景的改变对居住形态的演变发展产生了重要的影响。另一方面,实践和理论发展的历史证明,居住形态中的"集中"和"分散"概念是一种动态的观念,需要放在历史的具体语境中加以分析。因此,选择科学的研究平台,综合归纳其内在的发展机制,建立多因子的评价体系评判居住空间形态的发展现状和趋势,有利于提高居住形态研究的完整性和科学性。

本书通过对南京城市居住空间形态变化的量化研究和案例剖析,对居住形态的演变机制进行实证分析,根据"适宜空间密度"和"有机集中"的原则进行评价并提出优化策略。

图书在版编目(CIP)数据

城市居住形态演化发展研究:以南京老城区定量分析为例/张四维著.—南京:东南大学出版社,2020.9

ISBN 978-7-5641-7143-8

Ⅰ.①城… Ⅱ.①张… Ⅲ.①城市—居住区—定量分析—南京 Ⅳ.①C913.31

中国版本图书馆 CIP 数据核字(2017)第 240259 号

城市居住形态演化发展研究:以南京老城区定量分析为例
Chengshi Juzhu Xingtai Yanhua Fazhan Yanjiu: Yi Nanjing Laochengqu Dingliang Fenxi Weili
著　　者　张四维

出版发行	东南大学出版社
社　　址	南京市四牌楼 2 号　邮编:210096
出 版 人	江建中
责任编辑	丁　丁
编辑邮箱	d.d.00@163.com
网　　址	http://www.seupress.com
电子邮箱	press@seupress.com
经　　销	全国各地新华书店
印　　刷	南京玉河印刷厂
版　　次	2020 年 9 月第 1 版
印　　次	2020 年 9 月第 1 次印刷
开　　本	787 mm×1 092 mm　1/16
印　　张	9.5
字　　数	220 千
书　　号	ISBN 978-7-5641-7143-8
定　　价	78.00 元

本社图书若有印装质量问题,请直接与营销部联系。电话(传真):025-83791830

前　　言

本书成稿之际,距博士论文结束已近八年,回望近一段时期国内各大城市居住形态演化变迁,深感自己正处于一个飞速嬗变的时代之中。技术性的解决方案固然有其价值,但其背后深刻的体制和战略选择则仍具有决定性的力量。

感谢导师齐康先生的悉心指导。从选题到资料收集乃至修改完成,先生给予了多次启发与帮助,并给予各种参加课题研究、学术会议与项目实践的机会。先生高屋建瓴的思维方式、严谨的治学态度和务实的实践观念,将成为我今生永远的鞭策与鼓励。

感谢瑞士 ETH Zurich 建筑学院的导师 Sacha Menz 教授和 Bruno Keller 教授的悉心指导,他们对选题及篇章结构提出了许多中肯切实的建议。感谢沈道齐老师为我提供的宝贵意见和资料。感谢建筑研究所和建筑学院曾经给予指导的诸位老师。

特别感谢好友徐宁博士的帮助,感谢李晓雪、金超、杨程、朱金秋、许彬彬、高晓明等同学提供的技术支持。感谢我所有的好朋友和同学对我提供的帮助!

在此特别感谢我的父母和先生对我的无私支持!感谢我远方的亲人,谢谢你们!

目 录

第1章 绪论 ··· 1
  1.1 研究背景与意义 ·· 1
    1.1.1 快速城市化背景下的我国城市居住形态演化特征及规律研究 ········ 1
    1.1.2 市场经济体制下城市居住形态演化的发展机制研究与实践 ········ 1
    1.1.3 人文视角的城市居住形态的综合评价机制研究与实践 ············ 2
    1.1.4 居住形态对于城市形态的重要地位 ···························· 3
  1.2 相关定义 ·· 3
    1.2.1 居住形态 ··· 3
    1.2.2 空间密度 ··· 4
  1.3 研究思路和研究方法 ·· 5
    1.3.1 研究思路 ··· 5
    1.3.2 研究方法 ··· 6
    1.3.3 研究框架 ··· 7
  1.4 本书的创新点 ·· 9

第2章 居住形态演化机制历史回顾 ··· 10
  2.1 城市形态发展中居住形态的演化发展 ···································· 10
    2.1.1 聚落的形成与城市雏形 ······································ 10
    2.1.2 早期城市的形成发展与聚居形态的演化 ························ 11
    2.1.3 古代城市居住形态的形成与发展 ······························ 13
    2.1.4 文艺复兴城市居住形态演化 ·································· 16
    2.1.5 近现代城市居住形态演化 ···································· 18
    2.1.6 现代城市居住形态发展与人文回归 ···························· 19
  2.2 住宅形态的演化机制 ·· 21
    2.2.1 住宅功能分类 ··· 21
    2.2.2 住宅与建造材料、技术发展 ·································· 22
    2.2.3 住宅与气候地域特色 ·· 22
    2.2.4 住宅与经济 ··· 23
    2.2.5 住宅类型与社会文化 ·· 24
  2.3 本章小结 ·· 24

第3章 居住形态理论和方法回顾 ·· 25
  3.1 影响居住形态发展的代表性当代理论及思潮 ······························ 25

3.1.1 对郊区化的反思 ·· 25
　　　3.1.2 对机械功能主义的反思 ······································ 30
　　　3.1.3 当代理论发展的特点和趋势 ·································· 33
　3.2 居住空间形态的跨学科研究方法 ······································ 38
　　　3.2.1 物质环境视角的居住空间形态演化研究 ························ 39
　　　3.2.2 社会学科视角的居住空间形态研究 ···························· 41
　3.3 本章小结 ·· 44

第4章 中国居住形态发展现状及矛盾 ···································· 45
　4.1 当代中国居住形态发展的现状和特点 ·································· 45
　　　4.1.1 高速扩张的城市居住空间 ···································· 45
　　　4.1.2 高度市场化的住宅区建设 ···································· 45
　　　4.1.3 快速的城市化与郊区化 ······································ 47
　　　4.1.4 居住空间分异的现象日渐突出 ································ 48
　4.2 当代中国居住形态发展的问题和矛盾 ·································· 49
　　　4.2.1 快速规模扩张与土地集约利用之间的矛盾 ······················ 49
　　　4.2.2 住区建设与配套设施之间的矛盾 ······························ 49
　　　4.2.3 标准化与特色化之间的矛盾 ·································· 49
　4.3 本章小结 ·· 50

第5章 居住形态演化相关分析方法 ······································ 52
　5.1 基于GIS的城市居住形态空间数据库的建立 ···························· 52
　　　5.1.1 GIS空间数据库简介 ··· 52
　　　5.1.2 资料的来源 ··· 53
　　　5.1.3 空间数据库的设计 ··· 54
　　　5.1.4 空间数据库的实现 ··· 54
　5.2 基于GIS空间数据库的城市居住形态分析方法 ·························· 55
　　　5.2.1 基于GIS空间数据库的城市居住空间分析方法技术路线 ··········· 55
　　　5.2.2 GIS空间形态分析方法及技术路线 ····························· 55
　　　5.2.3 基于GIS的多因子评价系统 ··································· 58
　　　5.2.4 评价单因子选取及其依据 ···································· 59
　　　5.2.5 多因子评价体系的架构 ······································ 60
　5.3 城市形态的空间分析要素 ·· 61
　　　5.3.1 "空间密度"——居住空间形态三维控制的重要指标 ············· 61
　　　5.3.2 "固结界线"——空间形态演化的限定要素 ····················· 62
　　　5.3.3 从空间形态各个层面建立分析体系 ···························· 62
　5.4 本章小结 ·· 64

第6章 宏观城市层面的南京城市居住形态演化 ···························· 65
　6.1 南京城市居住形态演化的总体特征 ···································· 65

6.1.1　1949—1978年：老城内的"填平补齐" ………………………………… 66
　　　6.1.2　1978—1990年：从"填平补齐"到老城改造 ………………………… 67
　　　6.1.3　1990年至今：社会变革和经济杠杆作用下的居住空间重组 ………… 68
6.2　市域范围的南京城市居住用地形态演化 …………………………………………… 71
6.3　都市区范围南京城市居住用地形态演化 …………………………………………… 77
6.4　主城区范围的南京城市居住形态演化 ……………………………………………… 80
6.5　老城范围的南京城市居住形态演化 ………………………………………………… 83
　　　6.5.1　居住用地面积空间分布 ………………………………………………… 83
　　　6.5.2　居住建筑面积空间分布 ………………………………………………… 86
　　　6.5.3　居住建筑容积率空间分布 ……………………………………………… 88
　　　6.5.4　居住建筑占地面积空间分布 …………………………………………… 89
　　　6.5.5　居住建筑平均层数空间分布 …………………………………………… 90
　　　6.5.6　2001—2008年老城置换和更新的居住用地空间分布 ………………… 92
6.6　基于GIS因子叠加技术的南京城市居住用地适宜性评价 ………………………… 99
6.7　本章小结 …………………………………………………………………………… 100

第7章　中观街区层面的南京城市居住形态演化 ………………………………………… 102
7.1　城南片区居住形态演化 ……………………………………………………………… 102
　　　7.1.1　概况 ……………………………………………………………………… 102
　　　7.1.2　物质空间形态特征和分析 ……………………………………………… 103
　　　7.1.3　非物质空间形态要素分析 ……………………………………………… 103
　　　7.1.4　演化动因 ………………………………………………………………… 104
7.2　中山北路片区居住形态演化 ………………………………………………………… 105
　　　7.2.1　概况 ……………………………………………………………………… 105
　　　7.2.2　物质空间形态特征和分析 ……………………………………………… 106
　　　7.2.3　非物质空间形态要素分析 ……………………………………………… 106
　　　7.2.4　演化动因 ………………………………………………………………… 106
7.3　中山路—中山南路片区居住形态演化 ……………………………………………… 107
　　　7.3.1　概况 ……………………………………………………………………… 107
　　　7.3.2　物质空间形态特征和分析 ……………………………………………… 107
　　　7.3.3　非物质空间形态要素分析 ……………………………………………… 108
　　　7.3.4　演化动因 ………………………………………………………………… 108
7.4　中山东路片区居住形态演化 ………………………………………………………… 108
　　　7.4.1　概况 ……………………………………………………………………… 108
　　　7.4.2　物质空间形态特征和分析 ……………………………………………… 109
　　　7.4.3　非物质空间形态要素分析 ……………………………………………… 110
　　　7.4.4　演化动因 ………………………………………………………………… 110
7.5　明故宫片区居住形态演化 …………………………………………………………… 110
　　　7.5.1　概况 ……………………………………………………………………… 110
　　　7.5.2　物质空间形态特征和分析 ……………………………………………… 111

	7.5.3 非物质空间形态要素分析	112
	7.5.4 演化动因	112
7.6	本章小结	112

第8章 微观地块层面的南京城市居住形态演化 ··· 114

8.1	门东地块居住形态演化	114
	8.1.1 物质空间形态要素分析	114
	8.1.2 非物质空间形态要素分析	116
8.2	颐和路地块居住形态演化	116
	8.2.1 物质空间形态要素分析	118
	8.2.2 非物质空间形态要素分析	119
8.3	下关棚户地块居住形态演化	119
	8.3.1 物质空间形态要素分析	120
	8.3.2 非物质空间形态要素分析	120
8.4	南京航空航天大学周边地块居住形态演化	121
	8.4.1 物质空间形态要素分析	121
	8.4.2 非物质空间形态要素分析	122
8.5	丹凤街丹凤新寓地块居住形态演化	122
	8.5.1 物质空间形态要素分析	124
	8.5.2 非物质空间形态要素分析	124
8.6	本章小结	125

第9章 结论与展望 ··· 127

9.1	主要研究结论	127
	9.1.1 当代我国城市居住形态演变发展的特点和趋势	127
	9.1.2 基于GIS技术多因子叠加的城市居住用地适宜性评价	127
	9.1.3 多种因素对居住形态影响的实证分析	128
9.2	建议策略	129
	9.2.1 增强规划调控能力,优化总体结构	129
	9.2.2 加强基础设施建设,集约土地利用	129
	9.2.3 注重混合功能开发,提升城市活力	129
	9.2.4 通过相关政策引导,完善内部更新	129
9.3	不足与展望	129
9.4	结语	130

主要参考文献 ··· 131

附录 ··· 139

第 1 章　绪　　论

> 人们云集城市是为了生活。为了过上幸福的生活,他们聚集在了一起。
>
> ——亚里士多德

1.1　研究背景与意义

1.1.1　快速城市化背景下的我国城市居住形态演化特征及规律研究

进入 21 世纪以后,我国的城市化进程日益加快,城市空间发展也随之进入高速发展时期。高速发展的态势以及特殊的国情,使我国的城市化道路、城市居住形态演化过程与西方国家不尽相同。因此,城市居住形态的发展演变一方面正在进行着快速的发展,另一方面也呈现出了新的特点和规律,需要加以重视和研究。

在高速城市化发展的背景下,居住形态的发展呈现出巨大的变化,也出现了许多问题与矛盾。因此,需要以科学发展观统领社会经济全局,客观分析城市居住形态发展的内在规律,并提出行之有效的发展对策。从这一思路出发,本书选取了 1990 年以来(主要是 2000 年以来)南京城市居住空间形态作为实证案例,通过人文的视角,从空间密度的切入点分析城市居住形态发展的内在规律,并探讨特定时期演化的作用机制,分析居住空间形态发展中的问题,并建立系统综合的评价机制,从而为南京城市居住空间形态发展和城市规划提供更为科学的决策依据。由于南京城市居住形态演化发展在我国东部地区大型城市中具有一定的典型性,故以南京为案例进行研究可以为同类地区的城市居住形态发展与规划提供相应参考[①]。

1.1.2　市场经济体制下城市居住形态演化的发展机制研究与实践

随着我国市场经济体制的逐步确立,市场成为配置资源的主体。资本的市场化带来了投资主体的多元化,为城市建设带来了前所未有的巨大动力。房地产市场的快速发展在城市居住形态演变的过程中发挥了独特的作用,并通过居住形态的演变影响了城市空间形态和格局的不断变化。

---

① 齐康.风景环境与建筑[M].南京:东南大学出版社,1989

随着市场机制在塑造城市空间形态方面发挥越来越重要的作用,城市居住形态演变的动力机制也呈现出新的特点。市场针对城市空间形态的作用过程是多层次、多角度的。我国市场经济体制改革的土地的市场化和房地产的市场化对土地的配置方式和开发强度产生了巨大影响。市场机制按地价来引导和安排城市各项功能用地,推动了城市土地利用结构向优化和高效益转化,引起城市内部结构的调整,并促进城市向郊区扩展。房地产开发使城市各种功能用地在空间上的分布更加合理,区位条件正逐步发挥作用。劳动力的市场化进程使收入的差异逐步取代职业的差异成为居住空间分异的主要原因,多元化的市场供给促进了社会居住空间的分异①。

关于城市形态演化的深层结构,东南大学建筑研究所齐康教授从 20 世纪 80 年代初起即对城市形态的发展和演化进行了系列深入的理论探讨,相继出版了《城市环境规划设计与方法》②《城市建筑》③等专著。段进的《城市空间发展论》对城市空间发展的深层结构基本规律及空间发展的形态特征等方面进行了系统的研究,并明确提出了城市空间发展的规模门槛律、区位择优律、不平衡发展律和自组织演化律④。武进的《中国城市形态:结构、特征及其演变》对中国城市物质要素的空间布置、城市外部的空间轮廓及物质要素之间的相互作用和组织等方面进行了系统的研究⑤。刘青昊的《城市的集中、分离与整合机制:镇江地区发展研究》通过对镇江地区发展的研究探讨了城市的集中分离与整合机制,并提出了以自组织进化为特征的城市耗散结构系统⑥。唐子来通过对西方城市空间结构研究的理论和方法的分析,提出城市空间结构演化的内在机制⑦。

上述研究作为一种全景式的研究,具有较大的时空跨度,为今后的研究提供了很好的基础和平台,但是仍然需要对特定时期、特定地点、特定功能类型的专门研究。与此同时,1990 年以后,特别是进入 21 世纪后,是我国城市发展变化最快的时期,也是房地产快速发展、极大影响居住形态的时期,因此需要总结和归纳近年来出现的新情况、新特征、新规律。

1.1.3 人文视角的城市居住形态的综合评价机制研究与实践

城市居住空间形态演化是社会发展背景下的产物,其影响因子包括组织、制度、社会、经济、生态、土地、文化空间等方方面面,几乎涵盖物质环境与非物质因素的各个层面的内容。然而,关于城市居住空间的研究往往存在着主体与客体分离的现象。

一方面,部分研究着眼于以城市空间为主体性对象的认识,认为人的各种体验、认知、记忆、感受等感知,或是人类组织、制度等运作过程中的干预作用在城市形态的形成与发展研究中起到至关重要的作用。另一方面,部分研究着眼于对城市空间客体规律的探究,将抽象的空间和理性的人作为假设前提。这二者或因偏重于城市空间主体性而忽略空间要

---

① 郭广东. 市场力作用下城市空间形态演变的特征和机制研究[D]. 上海:同济大学,2007
② 齐康. 城市环境规划设计与方法[M]. 北京:中国建筑工业出版社,1997
③ 齐康. 城市建筑[M]. 南京:东南大学出版社,2001
④ 段进. 城市空间发展论[M]. 南京:江苏科学技术出版社,1999
⑤ 武进. 中国城市形态:结构、特征及其演变[M]. 南京:江苏科学技术出版社,1990
⑥ 刘青昊. 城市的集中、分离与整合机制:镇江地区发展研究[D]. 南京:东南大学,1995
⑦ 唐子来. 西方城市空间结构研究的理论和方法[J]. 城市规划汇刊,1997(6)

素机制，或忽视了城市个体的特性与差异，主客体分离现象间接引发城市空间发展中研究结论与现实之间的差异。

本课题研究基于对城市空间和居住形态相关理论的归纳和分析，对近年来南京居住形态发展的特点和规律进行分析论证。通过大量数据和案例的研究汇总，寻找居住空间快速发展中暴露出的问题和矛盾，从人文主义和适宜密度的角度，对南京未来居住形态提出优化设想，以期为建立南京城市居住形态的良性发展机制提供理论支持和科学依据。

1.1.4 居住形态对于城市形态的重要地位

居住功能在城市功能中具有主体地位。城市是人类的聚居行为的产物，居住不仅仅是城市的最初基本功能之一，也是构成城市总体形态的主要填充物。自古以来，居住空间是人面对自然的第一个庇护所，居住方式与人类的生产生活方式联系最紧密。阿尔多·罗西认为，住宅是最早出现的建筑，同时也是一切建筑的原型和母体。[①] 从这个意义上而言，所有的建筑都可视为居所的延伸。住宅和居住研究对研究城市、研究人类社会、研究建筑发展历史都有着极其重要的意义。居住空间也是地域文化传统的主要物质载体，芒福德指出："城市从其起源时代开始便是一种特殊的构造，它专门用来贮存并流传人类文明的成果。"[②] 不同时代、不同地域、不同发展水平、不同文化背景的城市发展进程中的居住空间形态具有很大的差异。居住空间的建设需要适应新的生活方式的需求，也需要延续传统文化和地域文化的特色。

居住形态的演化与城市总体空间结构具有互动的关系。本书将城市居住形态作为研究对象，通过其外在的表现形态找到其内在的控制与联系因素，认识其特殊性和城市性，有助于对城市居住空间形态进行优化，使其更好地促进城市总体空间形态的良性发展。

1.2 相关定义

1.2.1 居住形态

"形态学"（Morphology）始于生物研究方法，是生物学中关于生物体结构特征的一门分支学科，研究动物及微生物的结构、尺寸、形状和各组成部分的关系。在被其他学科借用概念之后，"形态学"研究的是形式的构成逻辑，主要探讨实体的"形"。城市形态学（Urban Morphology）这一概念来源于地理学界，随着城市研究的深入和各学科之间的交叉，地理学派和人文学派的学者将形态学引入城市的研究范畴[③]，其目的在于将城市视为一个有机体加以观察和研究，以了解其生长机制，建立一套对城市发展进行分析的理论[④]。在研究内容上，"逻辑"的内涵属性与"表现"的外延共同构成了城市形态研究的整体观。D. Sullivan 的

---

① 阿尔多·罗西. 城市建筑学[M]. 黄吉钧, 译. 北京：中国建筑工业出版社, 2006
② 刘易斯·芒福德. 城市发展史：起源、演变和前景[M]. 宋俊岭, 倪文彦, 译. 北京：中国建筑工业出版社, 2005
③ 阎亚宁. 中国地方城市形态研究的新思维[J]. 重庆建筑大学学报（社会科学版）, 2001(2)
④ 段进. 城市空间发展论[M]. 南京：江苏科学技术出版社, 1999

表述是:对于居住地点已建成形态的形塑过程的理解,这种已建成形态对居住地内起作用的社会经济过程也存在影响,城市形态学同时也包括对于这些影响的方式的理解。段进认为,城市空间形态是城市空间的深层结构和发展规律的显相特征①。

总体而言,居住形态的定义包括两个层面,即物质形态和非物质形态。物质形态层面,居住形态主要是指居住空间的外在表现形式。在宏观角度,包括居住用地分布、居住规模、居住区发展结构等因素;在微观角度,则体现为住宅类型、建筑风格、空间结构以及室内外环境等。在这里,形态实际上代表一种事物的外在表象,因此不管是居住形态或者城市形态,其概念本身就具有一定的空间内涵。齐康认为,"城市形态是构成城市发展变化的空间形式特征,是城市'有机体'内外矛盾的结果"②;武进认为,"城市形态定义为,由结构(要素的空间位置)、形状(城市外部空间轮廓)和相互关系(要素之间的相互作用和组织)所组成的一个空间系统(Spatial System)"③。在上述概念中,城市的物质环境是城市形态的具体表现,并且城市形态具有鲜明的空间属性。居住形态的产生和演变发展是人口聚居和城市发展所必然产生的,并随着社会的发展而变化。在非物质层面,居住形态主要指居住空间的内在构成方式,包括生活方式、行为心理、地域习俗、社会经济等诸多要素。居住形态的发展与城市总体形态的发展息息相关。人口的不断聚集和社会、经济、文化的不断交融发展,使这些非物质层面的要素逐步积累凝聚下来,并对居住空间的物质形态产生深远的影响。因此,居住形态是一种复杂的经济、文化现象和社会过程,它不仅仅是一个具体客观的物质存在,更是有形和无形两方面的综合,并且在长期的历史发展过程中相互影响变化。依据上述概念,本书所研究的城市居住空间形态范围主要界定在居住空间的外部实体环境和内部成因两方面。

本书的研究范畴特指城市内部的居住形态。城市居住形态是相对于村镇、城市郊区及边缘的居住设施而言的,其位于城市建成区内,是构成城市总体形态的重要组成部分。选取城市建成区内的居住形态作为研究对象,正是由其区位特点决定的。城市居住形态的发展带有鲜明的"城市性"特征。一方面,城市居住形态不是孤立发展的,其演变的特征和规律是与城市总体空间结构和形态的发展相呼应的。城市总体结构和需求会对城市居住形态的发展带来诸如交通、配套设施、公共空间和投资开发模式等多方面的影响。另一方面,居住形态构成了城市的主体,是城市最重要、最基本的功能。在"以人为本"的原则下,城市发展的重要目标之一就是营造良好的人居环境。因此,城市的各项职能需要充分考虑到居住形态发展的规律和特点。城市居住形态与城市总体空间形态既有从属的关系,又有相互制约的关系。

1.2.2 空间密度

密度(Density)问题兴起于当代荷兰建筑界,"密度"的概念在这里包括人口、建筑面积、覆盖率、城市功能、视觉体积等一系列的因素,形容一种代表都市文化的"拥挤概念"。

---

① 段进.城市形态研究与空间战略规划[J].城市规划,2003,27(2)
② 齐康.城市的形态[J].南京工学院学报,1982
③ 武进,马清亮.城市边缘区空间结构演化的机制分析[J].城市规划,1990(2)

随着城市化的发展,一方面城市规模不断扩张,城市人口不断增加;另一方面,城市用地捉襟见肘,土地资源日渐稀缺。面对这样的矛盾现状,人们已经日渐意识到集约化发展的必要性和紧迫性。城市土地,特别是城市中心区的土地作为一种珍贵的不可再生资源,需要加以合理利用,这体现了一种可持续发展的理念。因此,强调密度概念,对快速城市化背景下的城市建设具有强烈的现实意义。

然而,这里居住空间的密度并不仅仅代表容积率、建筑占地率这样的一些经济指标,"密度"概念包含着鲜明的城市性和社会性。"密度"在这里并非只是物质意义上的高密度,也代表了一种功能意义上的聚集混合、社会意义上的地域认同,以及文化意义上的城市精神。因此,"居住空间密度"这一概念包含了基础设施配套、现代城市环境下人的行为心理、城市空间的整体形象、交通可达性等多种因素。维持一定的"密度",其目的在于强调城市强大的磁体功能,完善城市复合功能的集聚,以激发新的城市活力。在这一前提下,维持一定强度的空间使用效率,以提升城市内部的综合功能,并建构现代社会背景和文化下的城市形象。因此,文中所提到的"居住空间密度"并不代表容积率。住宅盲目在纵向维度上增长,高开发强度目标下简单的"高层林立",某种程度上破坏了城市原有的空间肌理、自然环境、历史文脉等要素,也难以达到真正意义上的城市功能整合。

因此,"密度"在本书中是一个复合的概念,对于居住空间密度的讨论,需要建立一个涉及多重因子的评价体系作为标准。这一评价标准所代表的是一种城市功能和文化的整合度,涵盖了物质形态和非物质形态的多个范畴。

1.3 研究思路和研究方法

1.3.1 研究思路

(1) 研究城市居住形态的发展历史,归纳"集中"和"分散"的趋势

自19世纪现代城市规划出现以来,从城市居住空间形态发展的宏观角度看,出现了"集中"与"分散"这两种思潮。然而,在这两种截然对立的思潮背后,是不断满足人类基本需求的人文主义精神。也就是说,就其原始的出发点而言,这两种思潮是一致的,并且在居住形态发展历史以及建设实践中形成了一种对立统一的辩证关系。

"集中"和"分散"的概念是一种动态的观念,需要放在历史的具体语境中加以分析。在梳理城市居住空间形态演变和相关理论发展的基础上,本书以我国当代快速城市化现状为背景,对城市居住空间的密度问题进行了具体分析和评价,通过对南京市区居住形态的量化研究,就居住空间"适宜密度"这一问题进行了实证分析。

在理论思路上,强调"集中"与"分散"概念在城市居住空间发展中的辩证作用。在分析过程中,强调城市居住空间的诸要素在主体性与客体性的融合,将客观建设实际与理论目标相结合,注重第一手资料的搜集。选取GIS地理信息系统软件作为研究平台和基本工具,对调研搜集的城市居住空间数据进行汇总处理。通过理论研究与相关技术方法分析比较,对案例城市的居住空间形态发展提出相应的建议。

(2) 分析城市居住形态的发展规律,揭示居住空间形态演变的内涵

在 GIS 技术平台上,对案例城市的居住空间形态发展进行分析。从宏观、中观与微观多个层面对居住形态与结构的发展进行定量研究。通过时间上的纵向研究,比较不同时间点的城市居住形态,寻找演化规律。通过空间上的横向对比,比较不同区位、不同城市环境下居住形态的具体演化过程,从而发现影响居住形态发展的各种因素。

在分析中,整体与局部在各个层面上形成互补,在空间特征变化分析、评价与发展趋势预测层面尽可能统一,有助于形成完整和全面的结论。研究立足于具有代表性的城市居住空间形态,通过资料搜集,使用 GIS 作为平台进行量化分析和处理,探讨城市空间各个层面的变化特征与规律,通过相关理论视角的整理和归纳,形成相关结论。

(3) 建立"适宜密度"视角的多因子评价体系,研究城市居住形态的适宜度

通过城市中人的实际感受和各种客观需要,建立以人为本的"适宜密度"多因子评价体系,对城市居住形态进行适宜度的评价。城市是由集聚产生的,维持一定的人口、功能、体量的密度是现代城市空间必要的手段。早期现代主义规划和城市更新带来的城市功能布局单一、冷漠支离的心理感受是当代城市理论所批判和避免的。而独特的城市"拥挤感"也逐渐成为许多先锋建筑师所追求的特有都市感受。

因此,根据影响使用者心理和行为的诸多外部因素,建立综合的多因子评价体系,对城市居住形态的适宜度进行评价,是具有强烈的社会意义和现实意义的。作为理论研究的支持,本书对南京城市居住空间形态进行"适宜密度"视角的适宜度评价,并根据结果,对南京城市居住形态的空间发展与意向营造提出相关对策和建议。

1.3.2 研究方法

城市居住空间形态的研究课题具有跨学科的范畴,其研究方法存在多元化、多角度的特点,种种研究方法都有其合理性和局限性。根据本书研究的具体目标和需求,从城市居住空间形态的角度出发,以建筑学、城市规划学的理论和方法为主,结合社会学、城市地理学、经济学、政策分析和空间分析技术等研究方法,在新的历史时期和背景下对案例城市居住空间形态的发展规律和特征进行分析研究。具体采用以下方法:

(1) 跨学科的研究方法

通过哲学、规划学、政治经济学、社会学的相互结合,跳出单一的学科框架,从而使分析和研究更为系统和深入。

(2) 文献及理论研究

本书通过高校、图书馆、互联网及有关部门查询、收集、整理国内外的相关资料,对新马克思主义城市理论的文献资料进行整理和分析,对选取的案例发展背景开展调研,为本书的研究提供必要的理论背景和统计数据。理论研究主要指文献整理以及在此基础上对理论进行的分析、综合、归纳、演绎等。在本书的基本概念和框架确立方面,是以理论研究为主。理论研究属于间接研究,是进行进一步研究的基础。

(3) 实证研究

实证研究主要应用于对案例城市的调查分析,不仅是对已有理论进行验证,更主要的是对理论研究的应用和深化,根据实地调查所获取的第一手资料,通过研究对已有理论进

行修正和发展,丰富、充实理论体系。以南京为例,对1990年以来(以2000年以后为主)居住项目的建设和发展情况进行调研和资料采集,对具有代表性的居住空间进行实地调研和案例分析,掌握第一手资料,并在此基础上运用GIS技术进行资料汇总,通过相关理论对其进行剖析。

(4) 比较研究

通过对中外社会经济、城市化发展的特点以及相关理论和实践的比较,发现差异,总结共性。通过对不同时间节点的同一城市居住形态的比较,找出发展趋势和规律。通过同一时期、不同区位的城市局部居住形态的比较,找出导致差异的因素,并进行深入探讨。

(5) 静态分析与动态分析

居住形态发展是一个持续不断的过程,采用动态分析为主的方法有利于对居住形态的发展历程进行比较全面的考察;同时居住形态发展又具有相对比较稳定的时期,呈现一定的阶段性,在动态分析的基础上辅之以静态分析,有利于更深入地探求影响城市居住形态发展的内在机制。

(6) 定量分析与定性分析

本书利用GIS系统作为数据处理和分析平台,注重定性分析和定量分析的结合。分析主要涉及两个方面:一是对城市空间形态的演变过程中土地利用、演变趋势等进行统计分析,并采用空间分析方法进行描述分析;二是通过多因子分析的方法,对居住空间形态的适宜度进行量化评价。

1.3.3 研究框架

第1章主要交代了本书的选题依据和研究意义、部分概念辨析、本书整体理论与方法思路,同时概括介绍了本课题研究的主要创新点。

第2章主要对中外居住形态的发展和演变进行了历史性的回顾和比较。从宏观和微观两个层面对居住形态发展的社会环境和历史背景进行了分析。在宏观的层面总结了居住形态与城市总体形态发展的相互关系,在微观的层面阐述了居住形态与技术发展的关系。从多种角度对城市居住形态发展的内涵进行了分析,从而对城市居住形态发展研究进行了理论界定。

第3章对关于城市居住形态研究的相关理论和方法进行了总结、归纳和分析。从"集中"和"分散"这两种思潮的角度剖析居住形态理论发展过程中的人文主义因素及其历史局限。

第4章对我国当代城市居住形态发展的现状进行分析,总结在高速城市化背景下居住空间形态演变发展的特点,并就发展中存在的问题进行归纳和总结。

第5章首先提出城市居住空间形态分析的理论与技术方法。继而从理论上阐述了影响居住形态发展的机制和动因,并归纳了在物质和非物质层面的影响要素、内在机制与运行特征,为其后的实证分析奠定了理论基础,提出城市居住形态的各个空间影响要素,并在不同的空间尺度上构建对居住形态的分析体系。最后,通过以上要素的综合,建立对城市居住形态的综合评价体系。

第6章在简要介绍南京城市形态发展现状和空间演变历史的基础上,通过GIS技术平台对2000年以来南京居住项目的相关情况进行汇总和分析。在市域、都市区、主城区、老城四个层面对南京居住空间形态发展变化的宏观特征和规律进行总结。

第7章选取城南片区、中山北路、中山路—中山南路、中山东路以及明故宫片区五个典型地段进行具体分析,从城市空间格局、空间形态肌理、社会经济影响要素等角度进行实证分析,并从中观层面分别对各地段的演化动因进行总结。

本书研究框架体系见图1-1。

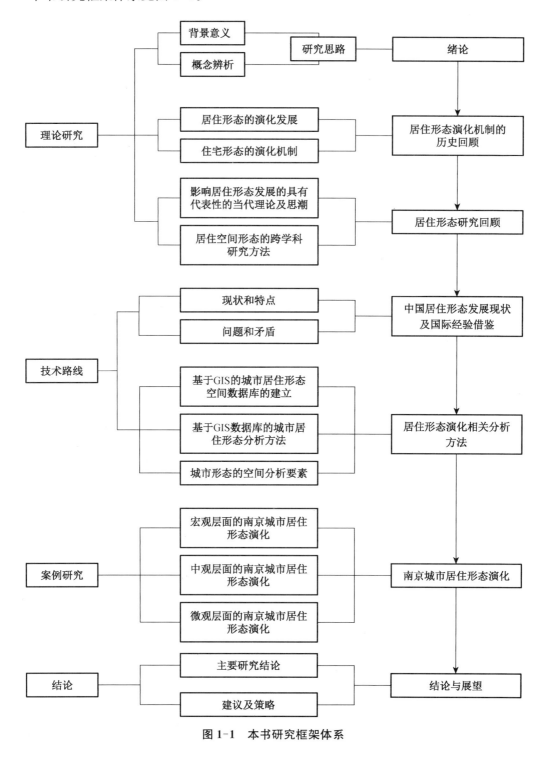

图1-1 本书研究框架体系

第 8 章选取门东地区、颐和路地区、下关棚户区、南京航空航天大学周边地区、丹凤街丹凤新寓地块等五个具有代表性的地块进行了居住形态的案例分析。对不同空间密度和空间类型的居住案例进行横向比较，总结归纳 2000 年以来南京市微观层面居住形态的演变特征。

第 9 章通过宏观、中观、微观三个层次的量化研究和个案分析，对 2000 年以来南京城市居住形态的发展和演变进行归纳性总结，并结合"适宜密度"的相关理论，从实际出发，对未来的发展提出优化策略。

1.4 本书的创新点

（1）在研究理念上，综合考虑影响城市居住形态的物质与非物质因素，形成全面的城市空间主客体分析研究构架。运用历史分析、类型分析和理论研究，论证当代城市居住空间聚集和分散的特点，提出当代城市居住形态的"适宜密度"需求。

（2）通过对 1990 年以来（以 2000 年以来为主）南京市不同时期、不同层次的城市居住形态进行案例研究，归纳城市居住形态发展的特点和规律。在研究方法上，通过 GIS 技术对大量第一手数据进行实证研究分析，成为总结城市居住形态发展规律的有力支撑。

（3）通过城市中人的实际感受和各种客观需要，建立以人为本的"适宜密度"多因子评价体系，对南京城市居住空间形态进行"适宜密度"视角的适宜度评价，并根据结果为南京城市居住形态的空间发展与意向营造提出相关对策和建议。

第 2 章 居住形态演化机制历史回顾

2.1 城市形态发展中居住形态的演化发展

居住状况随着城市发展在空间上表现为不同的形态,从形态如单细胞般的原始聚落发展为如今交通和科技高度发达的现代城市。经济、制度、技术、社会的发展,作为影响居住形态变化的深刻内在动因,通过不同时代的历史遗存,呈现出各异的画面。

2.1.1 聚落的形成与城市雏形

(1) 非永久性聚落的选址

关于非永久性聚落的起源,普遍观点认为其同神灵祭祀有关,亦同生存有关,人类已经开始意识并考虑过去和未来。大约在 15 000 年前的中石器时代,部落居民点出现了,它们的特征为茅屋或帐篷。选址显示出某种相对的秩序,或者受自然条件,如气温、日照、潮汐和风的影响,建筑物的布局由社会等级关系而定。

(2) 永久性聚落的选址

永久性聚落最初是人类定期返回进行一些神圣活动的地点。此地点具备磁体功能,也具备容器功能。这些地点可以将部分非居住者吸引到精神的场所,进行情感交流,以寻求精神释放。这些能力同经济贸易一样,均为城市的基本标准之一[①],同样也是城市原有活力的一个证明。这和乡村那种相对固定的、内向的、仇视外来者的村落形式完全相反,这些固定居住地点具有人类早期的礼仪性汇集聚点的特征(图 2-1)。

(3) 早期城市聚合过程及功能分化

从最早的农村定居点到建立在以农业区为基础的定居点,只有人口数量的增加,不会使村庄变为城市,这种变更需要一种外来挑战,将农村生活的机制进行方向上的转变,使它脱离以饮食和生育为主旨的轨迹,而去追求一种比生存更为重要的理想[②]。村庄原有的那些要素被保留下来,驻存于城市的原始新机体中,而一些新的外来因素与之综合并重组,形成比村庄聚落更为复杂的不稳定机制。城市作为一种明确的新事物,以一种全新的面貌出现在旧石器文化的社区中,导致一场全面变革,使原有的村庄文化发生飞跃。古老的村落文化逐步向新兴的城市文化退让。

在城市的集中聚合过渡中,城市的统治者占有主导因素,它是城市磁体的中心,将新兴

---

①② 刘易斯·芒福德. 城市发展史:起源、演变和前景[M]. 宋俊岭,倪文彦,译. 北京:中国建筑工业出版社,2005

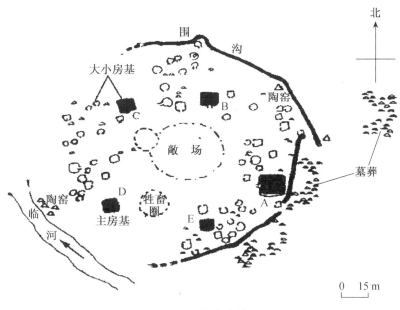

图 2-1 姜寨遗址

来源:汪德华.中国城市规划史纲[M].南京:东南大学出版社,2005

力量吸引至城市文明的中心,并设置诸多宫廷庙宇。这些宫廷和庙宇均是以居住空间为原型的,只是在早期的功能分化中产生了诸多类型。

2.1.2 早期城市的形成发展与聚居形态的演化

城市从起源时期就形成了一种特殊的构造,用以留存并转译人类文明的成果,此构造细密而紧凑,试图以最小化的空间承载更多设施,同时又扩大自身结构,不断调整,以适应不断变化的需求和社会发展复杂的形式,从而将更多的社会遗产累积保留[①]。

(1) 高密度在早期城市居住形态中的体现

① 早期城市居住形态的特点

早期城市的居住形态,以平面形态高密度集聚的特点,区别于散点式布置的原始聚落形态(图 2-2)。以卡宏城(Kahun)(图 2-3)为例,埃及历史上著名的卡宏城建于公元前 2000 年到公元前 1700 年左右的十二王朝时

图 2-2 北非民宅

来源:http://www.Araberby.com

---

① 刘易斯·芒福德.城市发展史:起源、演变和前景[M].宋俊岭,倪文彦,译.北京:中国建筑工业出版社,2005

期①。城市平面为长方形,长度为380 m×260 m,由砖砌城墙围合,在城西以奴隶居住区为主,仅260 m×108 m的地方就承载着250多栋以棕榈枝、芦苇和黏土建造的棚屋。而东西大路的北部为贵族区,尽管面积和奴隶区相差无几,却只有十几个大庄园分布其中,以深宅大院的居住群为主,西端一片围墙之侧的建筑群遗址明显是显贵们的住所。

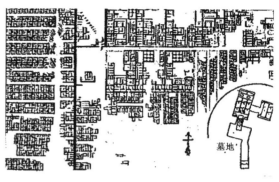

图2-3 卡宏城
来源:沈玉麟.外国城市建设史[M].北京:中国建筑工业出版社,1999

同样,乌尔城形成于公元前3000年的两河流域南部,平面为不规则椭圆形,它的普通住宅和奴隶居住地分隔明显,戒备森严(图2-4)。还有古印度文明发祥地莫亨约—达罗城(图2-5),其城内以街道划分为较大的街坊,坊内又以众多的小径划分为更小的坊,居住房屋面向小径,面积大小不一,排水系统较完善②。从平面看,这些平民的居住空间形态肌理紧凑密集,以规则方式填充于街坊之中,具有典型的城市居住空间形态特点。

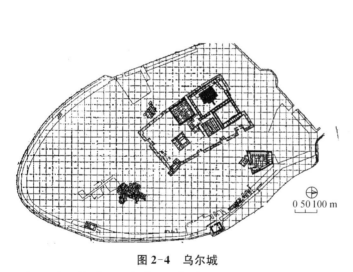

图2-4 乌尔城
来源:沈玉麟.外国城市建设史[M].北京:中国建筑工业出版社,1999

图2-5 莫亨约—达罗城
来源:沈玉麟.外国城市建设史[M].北京:中国建筑工业出版社,1999

② 居住区与城市空间形态关系及纪念要素

远古城市的居住区大多位于城基内部的重要位置,紧靠纪念性要素,如墓葬群或者祭祀礼仪广场。最先以逝者的安葬点为固定的仪式地点,由此产生聚落。可以想见,远在活人形成城

---

① 刘先觉,沈玉麟,吴焕加.外国近现代建筑史[M].北京:中国建筑工业出版社,1998
② 刘先觉,沈玉麟,吴焕加.外国近现代建筑史[M].北京:中国建筑工业出版社,1998

市之前,死人就先有了城市,从某种意义上说,死人城市的确为每个活人城市的前身和雏形,近乎是活人城市形成的重要组成核心。而在聚落演化为城市之后,原先具有安葬祭礼功能的仪式点逐渐转化成为城市的纪念性空间。这些特点我们可以在很多先古城市遗址中有所详见。这种生者与逝者共同生活在城市中心地区的形态是早期城市形态的重要特点之一。

在位于河南登封告成镇王城岗古镇发掘基址中,可以看到窖穴的位置在城墙围合内部重要地点(图 2-6)[①]。同样在卡宏城的城墙基址内部东南角,可以清楚地看到墓地占据了重要位置。在公元前 1370 年古埃及新王国时期形成的阿玛纳城中,陵墓分为三点从西侧围合城市中央区的居住群,更是从形态上使这种居住与纪念的和谐达到美感的统一。

同时,居住群内部的功能分化在这一时期也开始明确,首领居住群从一个集聚会、祭祀等多功能为一体的混沌未分的居所演化为宫殿(只用于君王后妃朝会与居住的场所)和贵族居住区。而那些平民的居住群开始分化为兵营、劳动者住所,甚至是监狱。

(2)由平面密度形态反映的阶层差异引发居住形态的尺度差异

社会阶层差异在城市形态,尤其是居住形态中有非常明确的体现。在阿玛纳城的中心区平面中我们可以看

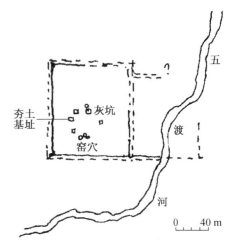

图 2-6 河南登封告成镇王城岗古镇发掘基址
来源:汪德华.中国城市规划史纲[M].南京:东南大学出版社,2005

到劳动人民的住区以非常小的尺度、密集的肌理置于宽阔的大尺度统治阶级空间附近,形成鲜明的对比。这种情况在卡宏城、乌尔城、科萨巴德城、帕赛玻里斯宫的平面图中都曾出现。

这些城市遗址大部分以居住空间为主,除了明显的纪念性场所、集会场所,其空间功能相对一致,没有明确的功能区分,只有因阶级分化而产生的尺度差异。

(3)建造技术水平使得居住肌理以小尺度、低层高密的趋势发展,基础配套齐全

由于城市建造技术基本以夯土、木构支撑和少部分石质结构为主,所以这些城市的居住空间肌理均以小尺度为主。即便是在王宫或者统治阶级的居住群中,也只有小空间的套叠延展以形成较大的居住空间。由此可见,这一时期的城市空间肌理依旧受到技术建造的限制。

在这些最古老的城市中,如莫亨约—达罗城、乌尔城或是拉格什城,一些在居住区方面所具有的物质环境特征,却在城市后来的发展中逐渐丧失,比如齐整的街道规划,成排的房屋布局,浴室及屋内厕所,陶制的水管,街道旁的砖砌排水沟,排放雨水的暗沟,这些基础设施的配建对于当时的城市发展建造技术而言已经相对完善。

2.1.3 古代城市居住形态的形成与发展

在城市发展历史进程中,从功能角度看,多数情况下城市作为容器更甚于作为磁体。正如前文所言,城市是储藏空间的保管者和积攒者。当其获得了此功能之后,便可进一步

---

① 汪德华.中国城市规划史纲[M].南京:东南大学出版社,2005

完成其更高功能,即可成为传播者或流传者。如果说城市被形容成承载文化的容器,那么居住群就是可以承载人的容器,承载功能是它们的共性①。

(1) 西方古代城市规划中的居住形态

古希腊时期的希波丹姆规划形式与米利都城是西方城市规划的雏形。此规划采用一种几何形状的、以棋盘式路网为城市骨架的规划结构形式。尽管这种规划形式在之前的卡宏城、莫亨约—达罗城中早有所应用,但希波丹姆最早将这种规划形式在理论上予以阐述。它以圣地、主要公共建筑区、居住区为主要组成,而居住区又分为三种形态:工匠住区、农民住区、城邦卫士与公职人员住区。米利都城将这种规划全面体现,其中以街坊为主的居住群满铺于通向港湾的三个延伸地带。北部居住区街坊面积较小,应为较低社会阶层住区,而南侧街坊则反之(图2-7)②。

(2) 中国古代城市规划中的居住形态

在中国,很多书籍均记载有人们对城市建设的看法,如《周礼·考工记》《商君书》《墨子》《管子》等古籍,《周礼·考工记》中有明确的形制描述,"匠人营国,方九里,旁三门,国中九经九纬,经涂九轨,左祖右社,前朝后市,市朝一夫"。学者普遍认为这是对中国城市规划概念的雏形描述(图2-8)③。

图2-7 米利都城

来源:沈玉麟.外国城市建设史[M].北京:中国建筑工业出版社,1999

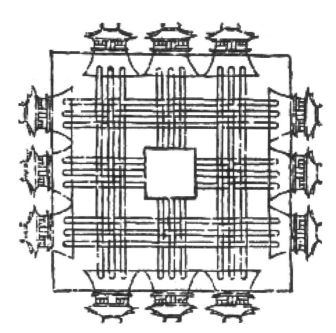

图2-8 《周礼·考工记》"王城图"

来源:刘敦桢.中国古代建筑史[M].北京:中国建筑工业出版社,2008

---

① 约瑟夫·里克沃特.城之理念——有关罗马、意大利及古代世界的城市形态人类学[M].刘东洋,译.北京:中国建筑工业出版社,2006
② 汪德华.中国城市规划史纲[M].南京:东南大学出版社,2005
③ 刘敦桢.中国古代建筑史[M].北京:中国建筑工业出版社,2008

规划及平面图自中国城池设计之始就有运用,因而大部分城市形制较为齐整,包括《周礼·考工记》记载、东周王城遗址在内的一系列资料均表明平面图在城市设计中的应用。中国传统的儒家思想、等级制度、封建统治者的尊威都在绝大多数城市的规划中有所体现,譬如将皇宫或者衙署作为规划中心。

中国城市居住规划形态较为单一,在不同尺度的居住单元中都运用棋盘格的划分方式,平行于城墙,稳定性较强。经过规划的城市居民区,前后期的性质有所差异:东魏、北齐以前称里;自东魏、北齐起称为坊;唐之前里坊因为需要宵禁管制,采用封闭形式;从宋代开始因经济发展的需求逐步打破封闭,转而为开放形式;元代里坊制被胡同四合院的形式取代并沿用至清。尽管居住区性质不停改变,但这种方块式居住单元的模式一直沿用下来,对今天很多历史城市的格局仍然有着至关重要的影响。研究者普遍认为,这种城市规划的指导思想和中国传统木构建筑的特色有较为密切的联系。

(3) 古代城市居住空间形态特点

① 古代西方与中国的城市形态共性

古代西方与中国的城市形态共性是格网清晰,先拉开城市构架,而居住区作为基质填充于规划构架的格网之中,如米利都城、普南城、兰培西斯城、提姆加德城。因古代城市的城堡是相对比较紧凑的集合体,且是储存艺术与技术遗产最丰富的地方,城市的标志就在于城市生活秩序起源的圣地。同时,纪念地从单纯的祭祀逐渐演变成为功能更为宽泛的开敞公共空间。

② 西方城市及居住形态特点

西方城市形态以纪念性空间为中心,以均质机理外向生长,随地理地貌进行一定程度的扭曲,形成具体城市形态和居住形态,虽然也有外部轮廓形态限定,但相对自由。比如威尼斯和锡耶纳,甚至巴黎都在形态上随地形有一定的扭转,并以城市中多个纪念性空间为中心,向周边发散,而居住群就填充在道路形成的地块中。

③ 中国城市及居住形态特点

与西方城市不同,中国城市形态往往以外部"固结界线"[①]为要素,内部以街坊满铺的形式进行划分和填充,受自然要素自由形态的限定切割,形成具体城市形态和居住形态,外部轮廓形态则尽可能满足天圆地方的形态价值观。从隋唐平面想象图、唐长安城平面复原图、元大都平面复原图、明清北京平面图等可以看出棋盘格划分街坊均质满铺的形式,而南朝建康都城(现南京)、南宋临安城(现杭州)、宋代平江府(现苏州)尽管也是以棋盘格的形式划分,形态方整,但是周边因地势地貌原因,形态相对自由。

(4) 社会阶层差异明显

社会阶层的差异在古代城市居住形态中有直观的体现。在亚当·斯密看来,为提高劳

---

① Conzen(1960年)认为,对于城市物质空间演化阶段的划分往往过于主观武断,并不符合城市发展的客观过程。在对Aluwick的研究中,Conzen引入了"固结界线"(Fixation Line)和"边缘地带"(Fringe Belt)的概念。他的研究方法是判识"固结界线"作为城市物质空间发展的障碍,包括自然因素(如河道)、人工因素(如铁路)和无形因素(如地产权)。尽管城市物质空间的发展可能会在一段时间内受控于这些因素,但最终会克服这些障碍,形成新的边缘地带,直到遇到新的固结界线,从而形成城市物质空间的分布模式。参见:John Hudson. Boundaries and Conservation[J]. Structural Survey, 2000, 18(5): 192-194

动生产率而专门展开的细化分工由城市文化来推动,古代城市居民中,当许多还在寺庙的地产上劳动时,城市人口中越来越多的人已经开始从事其他相关职业①。不同职业和阶层形成了层级金字塔,由社会底层直至由国王、武士,僧侣、文官等构成的金字塔顶尖。在城市空间排布中,这一层级关系按形制划分,而居住形态因为其均质性而有着更为平面化、更为图面化的直观体现。这种强制性的划分会体现在阶层隔断中,因而住宅个体的类型差异也会随职业不同而显现。

(5) 文化经济宗教因素磁体

在之前远古城市的描述中,已经提及城市作为文化传承的守护者和贮存器的作用,而由远古祭祀场以及逝者聚集地演化而来的纪念性空间,同样因宗教系统化而产生了宗教磁性。

城市因其经济发展相较于农村地带更为发达,它的经济磁体吸引力甚至从某种程度而言超过了它的文化和宗教吸引力。那些在村落中的底层农民为了逃离地主的剥削控制涌入城市,他们以为获得了所渴望的自由,实际却卷入了城市经济的巨大漩涡。

可以在空间形态上看到,因为这些城市磁性而产生的聚居区域吸附于这些文化、宗教和经济磁力发散点,这和如今的城市居住形态深受经济、社会、文化和基础配套设施辐射影响极为相似②。

2.1.4 文艺复兴城市居住形态演化

西方在经过了中世纪宗教势力的统治之后,因为经济的全面发展,文艺复兴的人文思想开始更关注人的感受。受维特鲁威理想城的影响,各式理想城市规划方案在文艺复兴时期百花齐放,如费拉锐特的《理想的城市》一书、由斯卡莫齐设计的帕尔曼-诺伐城(图 2-9)以及他的理想城市方案(图 2-10),还有当时欧洲各国的军事防御城市,如法国的萨尔路易③。

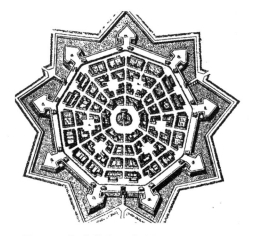 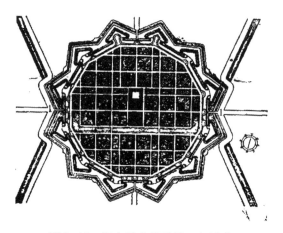

图 2-9 斯卡莫齐设计的帕尔曼—诺伐城
来源:沈玉麟. 外国城市建设史[M]. 北京:中国建筑工业出版社,1999

图 2-10 斯卡莫齐设计的理想城市
来源:沈玉麟. 外国城市建设史[M]. 北京:中国建筑工业出版社,1999

---

① 亚当·斯密. 国民财富的性质和原因的研究(节选本)[M]. 郭大力,王亚南,译. 上海:商务印书馆,2002
② 刘易斯·芒福德. 城市发展史:起源、演变和前景[M]. 宋俊岭,倪文彦,译. 北京:中国建筑工业出版社,2005:103-104
③ 刘先觉,沈玉麟,吴焕加. 外国近现代建筑史[M]. 北京:中国建筑工业出版社,1998

① 居住形态的圈层概念

在斯卡莫齐的帕尔曼—诺伐城方案中，以六角形纪念广场为中心，辐射道路用三组环路连接，并在城市周边均质环绕防御性构筑物。居住群分布在这些圈层肌理中，并在每个组团中设置社会服务空间。

② 居住形态的网格概念

在斯卡莫齐的理想城方案中，虽然也是以主要广场为中心、功能性空间配套在居住区中的分布方式，但城市结构组织方式由圈层排布改为了网格式划分。

③ 网格加圈层概念

斯卡莫齐的两种理想城方案在很多案例中有所综合，如阿姆斯特丹的有机规划，它是由渔业和海运集散地形成的中心，在阶段发展中对运河进一步加以利用，成为城市的交通运输服务中心。狭长的街区向外延伸，与主要水上交通线平行，新的居住街区中仍然维持着小块绿地，随后在集散地的西侧建立了中央广场即皇宫的所在地，放射出新的街道和居住区，与原先的格局不一致，形成了中心网格划分、外围圈层辐射加部分网格划分的形态。其中大部分街区划分中均由居住区填充满铺，形成了典型的低层高密度居住形态①。

（1）社会阶层的分异和混合

尽管当时的生活在许多方面相对封闭，但相较于现代的居住讲求私密空间而言，文艺复兴时期的城市家庭是一个颇为开放的单位②。因为它不但将血亲作为家庭正式成员，且将从事工业生产的工人，以及现在我们称之为服务业的仆人等也视作家庭的从属成员。同一个居住单体空间中，同时出现贵族、雇佣工、学徒等多种阶层人员。但这并不代表居住形态中没有社会阶层的分异，而是分异以某种程度的混合呈现（图2-11）。

（2）庄园出现的反城市化倾向

因经济复苏和自由贸易，庄园得以形成，居住功能出现反城市倾向。在詹姆斯·E.万斯看来，城市外缘的庄园实际上形成了一个经济机构，同时拥有法律习俗和社会的特征，它的目的是通过种植大量的农作物来达到供应最大化，从而制造相应的工具，纺织和自制衣物，因此形成一个相对封闭的经济体系③。这种庄园的出现具有反城市化的倾向，它们本身对于周边居住区具有一定的吸引力，相对于城市的磁体功能，在庄园和城市的吸引力辐射范围之间形成了一个居住区的真空状态。

图2-11 社会阶层分异

来源：Sharon Marcus. Apartment Stories: City and Home in Nineteenth-Century Paris and London[M]. Berkeley: University of California Press, 1999

---

① 刘易斯·芒福德. 城市发展史：起源、演变和前景[M]. 宋俊岭, 倪文彦, 译. 北京：中国建筑工业出版社, 2005

② Sharon Marcus. Apartment Stories: City and Home in Nineteenth-Century Paris and London[M]. Berkeley: University of California Press, 1999

③ 詹姆斯·E.万斯. 延伸的城市——西方文明中的城市形态学[M]. 凌霓, 潘荣, 译. 北京：中国建筑工业出版社, 2007

2.1.5 近现代城市居住形态演化

经过资本主义经济上的原始积累和文艺复兴文化科学上的发展,资产阶级日益扩大了其势力和影响。在经过了17世纪和18世纪英国、法国的资产阶级革命之后,生产力和产业的发展进入了机器工业的时代。资本主义大工业生产所引发的城市结构深层变化使人们对城市建设提出新的要求,其中欧洲的旧城改造和美国新城市的建设以解决城市矛盾为主,居住区的改造是一个重要标志。

(1) 城市扩展与大城市的规划案例

工业革命带来技术的发展,随着公共马车、火车、电车的发明,历史上首次出现了公共交通。因此,城市规模的大小不再受步行距离限制,其扩张速度也有所加大。在交通规划过程中,因交通大街而牺牲居住区的事情屡有发生。新的居住区建设随着城市的扩张而外延,在这些旧城改造中,以伦敦的城市规划、英国巴斯的规划、法国奥斯曼巴黎改建规划、俄国的彼得堡建设、阿姆斯特丹开凿运河建设最为典型。

1666年后,伦敦为城市建设设立了专门委员会,其主要规划思想为:①放宽街道,使其宽度达到防火要求,并用砖石等耐火材料建房,同时依据街道宽度来限定层高,1667年颁布的《重建伦敦市法令》规定了三种房屋型制;②西郊建设新型建筑居住群,注重建筑外貌,居住群中布置方形规则广场(London Square);③将原有封建主拥有的大型花园整理改造成公共社交活动场所,如海德公园、里琴公园等;④在伦敦边缘规划里琴大街,将住宅、商业和银行等建筑物系统设计。

巴黎改建自雅各宾专政时期起,经过拿破仑专政时期、拿破仑第三时期,均以建设城市纪念性广场、改建多层公寓为居住建筑、建设皇家花园为主,尤其在长官奥斯曼执政时期,进行了大规模的改建工作。因法国境内国际铁路线已局部形成,巴黎成为欧洲最大交通枢纽之一,城市原有功能结构因迅速的城市扩张而产生了城市现状与发展之间的尖锐矛盾。奥斯曼的街区立面改造在试图美化巴黎城市面貌的同时也有对执政者的歌功颂德,虽然改建效果使巴黎的道路、广场、绿地、水面、林荫带和大型纪念建筑物组成一个完整的统一体,宽阔的放射性道路沿街立面形式协调统一,但并未满足因城市工业化而带来的新要求,也没有解决城市贫民窟的居住问题。

除上述首都改造外,英国的疗养城市巴斯以温泉和浴室著名,城市形态相对自由,以多道由广场和居住区形成的弧线组成了一个小型的新式规划;由军营改建的俄罗斯彼得堡,19世纪初建造了一批大型纪念性建筑物,形成了较好的水岸天际线;荷兰阿姆斯特丹在文艺复兴改造的基础上引河入城,以水路交通为道路骨架,沿岸均为居住群,方格网式的居住区沿环状运河形成了至今犹存的荷兰鼎盛时期居住形态。

(2) 人口城市化

工业化带来了城市的迅速发展,人口也随之迅速增长。城市中工厂付给工人的工资高于农村家庭生产的收入,这为正在形成中的城市吸引到大量的劳动力,从农村大量涌入城市的移民成为最重要而快速的人口增长部分,其严峻程度以至于用生物学的增长来解释依旧行不通。这种情况屡见于18、19世纪的英国及欧洲大陆,甚至在19世纪的东亚也初现端倪。

(3) 社会矛盾在居住形态上的体现

恩格斯在《英国工人阶级状况》一文中提及曼彻斯特工人居住区的状况。由于土地私有化,生产的无政府状态,工厂和厂区外围由简陋的工人住宅区包围,当城市进一步扩大时,又将这些工业地带包围在内,形成工业与居住区的混杂。曼彻斯特1840年出现的现代城市格局将每个工人区都划分开,同时将社会阶层的居住区也划分开,城市显现出社会地位上的不断进化,人们搬离市中心,老城区蜕变为贫民区并向外分散。工人阶级作为一个整体,他们的居住状况所反映的社会阶层分异矛盾在这一点上尤为激化[①]。

2.1.6 现代城市居住形态发展与人文回归

在经历了工业革命之后,新的阶级迅速成长,导致了社会秩序的变更,城市化进程加速发展。关于城市和居住的建设方向主要分为分散和集中两个方面,城市设计和居住设计在各个时期有不同的趋势,无论是分散的趋势,还是集中的趋势,都是以人文关怀为主旨。

(1) 居住空间形态上的延展与疏散

城市居住环境始终是有责任感的建筑师及学者最为关心的问题。对于工业化时期居住区紧紧环绕工厂,又被包裹在城市的扩展中的状况,大部分学者对老城内工业区密集而破败的居住环境状况提出了反思。在20世纪初,源自乌托邦空想社会主义和霍华德田园城市思想的各种理论和方案层出不穷。赖特的"广亩城市"思想以反对、取消大城市为主导,他是典型的城市分散主义思想的拥趸,反映了当时建筑师们对现代城市环境被工业发展破坏的不满和对工业化时代之前和谐宁静状态的怀念[②]。相对于这种去城市化的均等疏散布局状态,沙里宁针对西方近代城市的衰退,提出了有机疏散理论。这是一种在有机组织的秩序下合理分散的城市改造方法。这种方法属于有系统的分散,同时强化了重点部分的集约。在这种以延展和有机疏散为指导思想的城市理念中,居住形态也以均匀分布或是以集中方式被有组织地有机分散为主。如沙里宁制定的大赫尔辛基方案,他以郊区卫星城的多核心规划手段,将城市人口有效疏散到居住环境较好的地段。

(2) 居住空间形态的集中

在第一次世界大战后的新建筑运动中,住宅以工业化的方式产出,柯布西耶提出了被称为"城市集中主义"的城市规划理论,在他的伏埃森(Voison)规划中,高层十字形住宅群统治了一个又一个的街区,既有某种个人英雄主义色彩,又从某种程度上体现了向往带有乌托邦倾向的人类高密度聚集生活方式。在他建成的马赛公寓案例中,集合住宅以某种纵向社区的方式解决了以往住宅群平铺于街区中的社区概念,中间设置的交往空间、小商业等功能块使这一纵向社区内向、完善、自我,带有那个时代的空想社会主义趋势(图2-12)。

图2-12 走向社会城市

来源:刘易斯·芒福德.城市发展史:起源、演变和前景[M].北京:中国建筑工业出版社,2005

---

① 中共中央马克思恩格斯列宁斯大林著作编译局.马克思恩格斯选集[M].北京:人民出版社,1995
② 孙施文.现代城市规划理论[M].北京:中国建筑工业出版社,2007

尽管人们对柯布西耶的"光明城市"规划褒贬不一，但多数对于同一时期的格罗皮乌斯提出的"居住群组与街坊建设"（图2-13）却有着较高的接受度[①]。笔者认为，格罗皮乌斯的设计是某种"明日城市"的变形，同样具有乌托邦式的居住聚集设想，只是更为低调和实际而已，这种组团方式一直被沿用至今，以各种方式被住宅小区设计者应用于各式用地中。

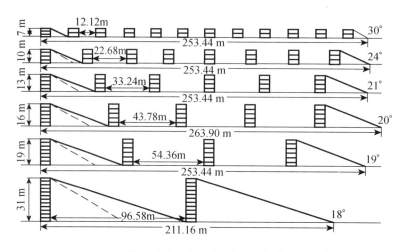

图2-13　格罗皮乌斯关于行列式住宅的理论计算

来源：聂兰生，邹颖，舒平.21世纪中国大城市居住形态解析[M].天津：天津大学出版社，2004

（3）基于城市发展的多种居住形态设想

街坊式设计同样被应用于许多城市分散理论中，并变形出各种居住形态。如美国建筑师斯泰恩于1933年在新泽西设计的雷德伯恩大街坊，以及佩利的以"邻里单位"为指导思想设计的威斯康星绿带城等。城市形态的发展同样开始多样化，自"广亩城市"之后，又出现了带形城市与指状发展城市。

自苏里亚·马塔提出带形城市理论之后，1930年苏联建筑师米留廷设计了斯大林格勒规划。城市呈指状发展是带状形式的一种变形，1942年伦敦现代建筑研究学会（MARS）的建筑师们将其应用于战后重建的伦敦居住区，并在哥本哈根、华盛顿、巴黎和斯德哥尔摩的规划中都有所体现。

值得注意的是，1931年柯布西耶运用片段组合法在阿尔及尔的奥勃斯规划了一条沿路蜿蜒的高层建筑，直接整合了玛塔的带形城市规划于一栋住宅。几乎涵盖了一座城市形态的住宅集合，只是将平面的城市、平面的社会纵向发展同时向路的两端延伸。他的集中城市的构想无论是在平面还是沿交通带发展，都有较详细的设想。所谓的集中城市概念几乎可被一座集各种功能于一体的住宅群体现。

（4）时代发展的异化，人文主义精神的回归

在经历了现代主义新建筑运动之后，尤其在第二次世界大战结束后，欧洲与亚洲面临

---

① 聂兰生，邹颖，舒平.21世纪中国大城市居住形态解析[M].天津：天津大学出版社，2004

的第一要务就是恢复生产。各国的重建工作飞速发展,许多国家出现了应急的重建工作,与城市长远的规划相矛盾,人口膨胀和城市向外蔓延的趋势进展飞速的局面。事实上,城市生活处在一个由机械学和电子学方面无数发明所构成的迅速扩张之中,这个极快的步伐远离人类的中心,离开人类的一切理性、自主的生存目的(图 2-14)。技术方面的爆炸性发展引发了城市本身及其类似的爆炸,将其繁杂的机构、组织等散布至整个大地,由城市外部闭合形成的城市容器不仅仅被冲破,而且还在很大程度上被消减了吸引力,城市的优势在某种意义上退化为一种杂乱无章和不可预知的状态[①]。

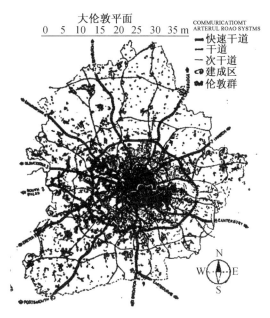

图 2-14 大伦敦规划的交通组织

来源:沈玉麟. 外国城市建设史[M]. 北京:中国建筑工业出版社,1989

战后各国掀起了新城市运动,如英国的哈罗新城和苏联的社区大院形式。20 世纪 50 年代的城市化引起城市规模扩大,人口集聚加剧了大城市的环境恶化,城市人口出现了离心流动,郊区化运动出现了,老城中心区出现了空心化现象,成为被遗弃的地区,各国相继采用新邻里单位或者新村的方式组织城市周边的居住区。自 20 世纪七八十年代起,发达国家的产业结构产生了变化,第一、二产业被更多地转移到发展中国家,第三产业在发达国家迅速发展,而原先衰败的老城区因第三产业的发达而重新出现了城市主义复兴[②]。

2.2 住宅形态的演化机制

关于住宅类型和形式的分门别类,尚未涉及解析形态生成过程和决定因素的层次。关于住宅生成的内在机制已有一些类型学的观察,笔者试图用类型学的研究方法从以下几个方面进行描述和比较:

2.2.1 住宅功能分类

居住空间形态具有功能性。这种功能性体现为住宅内容的综合多样性,以满足人们生理上、心理上多层次、多方面的需求[③]。此外,居住空间形态在不同的社会经济发展阶段、不同的时代背景下,其功能不同。从历史发展过程来看,住宅功能就经历了从混合到分区明

---

① 迈克·詹克斯,伊丽莎白·伯顿,等. 紧缩城市——一种可持续发展的城市形态[M]. 周玉鹏,龙洋,等译. 北京:中国建筑工业出版社,2004
② 刘先觉. 现代建筑理论[M]. 北京:中国建筑工业出版社,1999
③ 徐磊青,杨公侠. 环境心理学[M]. 上海:同济大学出版社,2002

确,又经历了功能本身从单一到有机综合的演变过程。

在6 000年以前,所谓"冬窟夏庐"的产生,标志着人类有了相对稳定的居民点,最初的聚落由此产生。人类第一次劳动大分工,即农业的出现而形成固定的居民点——聚落。人类第二次劳动大分工,即商业、手工业从农业中分化出来。居住功能从雏形到分化,早期居住单体形态来自使用阶层,从无大差别的庇护所发展成宫殿、府邸、军营、宿舍、监狱和民宅等。

2.2.2 住宅与建造材料、技术发展

千百年来房屋的材料决定了建筑的性格,住宅形式随着人类不断掌控更为复杂的建造技术而演变,所有形式都是一系列渐进的发展过程的一部分。从天然洞穴时代开始,人们逐渐学会利用地势挖掘人工洞穴,形成庇护所;进而使用苇草、树枝作为结构支撑,泥墙、土坯作为围合,形成了原始居所的雏形;随后,人们开始使用以木材或者石材为主的简支梁框架结构;随着技术的进步,材料和技术的应用趋于复杂,亚洲开始出现以中国为代表的木结构住宅群,欧洲出现了典型的石材砌筑的住宅。在相当一段时期内,甚至直至今天,因为木材尺寸的特性,木构结构多以平面延展、院落空间进深为发展方式,如中国典型的院落住宅;而石材更多的以其坚固耐用的特性而纵向发展,西方住宅多为砖石结构,如英格兰的石砌民居。因石材开采、切割和砌筑的困难性,石制住宅的建造费时相对更长。以砖木或砖石结构为主的住宅形态在东方和西方均存在较广泛的应用时期①。

工业革命之后,建筑材料、构件可以通过工业化、标准化的方式大量生产,住宅的形式开始多样化。从高度的延展性和平面空间的跨度上,钢筋混凝土材料的应用为住宅建造提供了更多空间。住宅中的基础配套设施逐渐完善化、合理化。集合住宅随之出现,人们可以一种空间高密度的方式生活在一起。人们的生活条件有所改善,生活习惯相应发生变化,同时,城市居住空间的使用效率得到了提高。

2.2.3 住宅与气候地域特色

在住宅类型研究中,气候论和地域特色的决定性在建筑学和文化地理学中被广泛接受。气候和地域特色在决定住宅形式中起了相当重要的作用,气候条件决定原始居所的生成形式,原始人为了适应特定气候条件而选择了适宜的建造形态。对人类而言,在人类谋取生存而不懈斗争时期,寻求庇护所是最重要的内容之一。正是在千百年来设法躲避恶劣气候条件的努力中,人类创造出很多住宅类型,比如合院,比如在全球很多纬度较高地区中出现的墙体较厚甚至中空的模式,在住宅形态上体现为立面阴影关系强烈(图2-15)②。

场地同样也是住宅形式的决定因素之一,相似场地和气候条件之中经常会出现类似的形态,它们在很多情况下是区域性分布的。例如,在斯特拉斯堡地区出现的木结构民居和斯图加特民居,以及北欧斯德哥尔摩民居和赫尔辛基民居,在形式和结构上有共通之处(图2-15~图2-17)。当然,住宅形态的限定要素并非只有气候与地域特色,在很多情况下,它是综合因素共同作用的一个结果。

---

① 荆其敏,张丽安.中外传统民居[M].天津:百花文艺出版社,2004
② N 施奈尔,S 西门.庭院住宅[M].蒙特利尔:麦吉尔大学出版社,1962

图 2-15 斯德哥尔摩民居
来源：自摄

图 2-16 赫尔辛基民居
来源：自摄

2.2.4 住宅与经济

经济条件这一因素被广泛地应用于聚落和住宅形式的讨论中。在经济匮乏的状态下，生存和最大化地利用资源是两项最为迫切的目标。因此，对于生存和最大化利用能源的需要决定了形式，在此情况下，经济力量对于住宅形态是决定性的。比如，安徽皖南的徽州民居，它呈现出统一、整体的徽商民居风格，正是在徽州商人普遍出外经商成功归来之后，受经济和文化影响呈现出来的统一民居形式。

一般而言，经济状况相似的群体有着类似的道德系统和世界观，而住宅又是世界观的体现，因此经济生活对住宅形式就有着决定性的影响。同样的经济形态下，会出现形式和空间布局类似的聚落和住宅，它们往往模式相同，形态大同小异，如：法国波尔多葡萄酒产地的宅院同普罗旺斯的住宅以及瑞士和意大利北部的农庄形式和功能十分类似[①]。

当然，就迫切性而言，食物的重要性远超过居住，同样的经济形态不一定会导致同样的空间和聚落住

图 2-17 不同气候和地域特色的居住建筑
来源：百度图片

---

① 阿摩斯·拉普卜特. 宅形与文化[M]. 常青，徐菁，李颖春，等译. 北京：中国建筑工业出版社，2007

宅模式。

2.2.5 住宅类型与社会文化

用于居住的房屋不仅仅是一种物质形态的建筑，而且是一种组织形态的制度，这种制度产生于一整套复杂的目的和信念。尽管上文提及的各种客观因素对住宅的形态有相当大的影响，甚至其中一些是决定要素，但是，住宅形态不可以被单纯地归结为物质影响力的结果，也并非任一要素可以决定，它是一系列"社会文化因素"（Social-culture-factors）作用的产物，且这一社会因素的内涵要从广义角度理解。因而众学者将社会文化影响力称为首要因素，其他各因素称为次要修正因素。

罗伯特·雷德菲尔德将文化风气、世界观和民族性看作一个概念整体[①]。其中包括：文化——一个社会的观念、制度和习俗性活动的总和；风气——关于形式规范的约定俗成；世界观——人们对外部世界的独特看法；民族性——一个族群中常见的集体禀性。因此，即便在最为严酷的物质条件和简陋的技术水平之下，人类的营造方式也依旧呈多样化，只能将这种多元化归结为文化价值观的选择。

2.3 本章小结

无论是城市居住群因为政策、体制、经济、社会等要素呈现出各异的居住形态，还是住宅单体受气候、地域、经济和文化历史等因素的影响而变化，人类的居所始终在物质空间层面上反映出来并且受制于上一层级的空间形态的影响，即受制且反作用于城市形态。而在非物质空间层面上，自然、历史、经济、社会阶层等内在因素是居住形态之所以演化及发展的内在动因。

通过对宏观层面城市居住形态历史进程的演化分析，以及对住宅单体本身的变化动因进行研究，试图运用历史纵向发展的研究和类型学的横向比较了解影响居住形态演化的重要因子。在此，笔者将影响城市居住形态的内在机制分为经济要素、社会要素、政治要素、自然空间要素、文化历史要素、纪念性及公共交往空间要素以及基础设施要素，并且将在之后的章节中进一步讨论。

---

① 罗伯特·雷德菲尔德. 原始世界及其转型[M]. 纽约州伊萨卡：康奈尔大学出版社，1953

第 3 章 居住形态理论和方法回顾

3.1 影响居住形态发展的代表性当代理论及思潮

塑造良好人居环境一直都是建筑学和城市规划追求的主要目标之一。如果说,经济和技术的发展构成了居住形态发展的主要动力,那么,深厚的人文关怀和人文主义精神则成为城市理论不断发展的目标。随着城市规模的不断扩大和功能形态的不断发展,有关城市形态的争论中,不同时期的学者有着不同甚至相左的规划及设计理论。这些不同理论的出现当然具有深刻的历史、社会、经济、政治和技术背景。正如霍尔所言,20 世纪的规划史反映了人们对 19 世纪糟糕状况的不满,对于霍华德、格迪斯、赖特、柯布西耶等人以及芒福德、奥斯本及其后来的追随者而言,这种不满的确是使他们孜孜不倦进行研究的动机。但是,推动城市向"好"的方向发展却是这些不同观点的共同目标[①]。

20 世纪 60 年代以后的城市规划理论和思潮基本贯穿了一个主题,就是对现代主义城市规划的批判和反思,这种批判主要针对郊区化泛滥和机械功能主义这两个方面。

3.1.1 对郊区化的反思

18 世纪的英国工业革命使西方社会进入了快速发展的轨道,然而随着生产的集中和人口的集聚,城市规模开始急剧膨胀,带来了一系列的环境和社会问题,住宅问题正是首要问题之一。人口大量涌入,而城市用地相对紧缺,使得住宅的建设难以跟上,普通民众的住房条件相当恶劣。同时,工业化带来了严重的环境污染问题,加之卫生设施不足,因此常常导致流行病的大量发生。

工业化初期快速无序的城市发展直接导致了现代意义上的城市规划的出现。1898 年英国人霍华德出版了《明天:一条引向真正改革的和平道路》一书,提出了"田园城市"理论(图 3-1)。在他看来,城市无限制膨胀以及对于土地的投机引发了城市环境恶化,因而对城市自主性扩展的限制和统一城市土地归属于机构十分必要。同时,由于城市作为容器而具有的磁体功能导致人口过于聚集,将"磁性"有意识地转移和控制可以从人口的角度解决城市膨胀。霍华德的田园城市提出"城市—乡村"的结合模式,兼具二者的有利要素,城市土地为乡村所环绕,从而控制了城市规模,亦使市民更接近自然空间,同时在土地归属及物资

---

① Peter Hall. Cities of Tomorrow: An Intellectual History of Urban Planning and Design in the Twentieth Century[M]. New York: John Wiley & Sons Inc, 1988

供应上具有某种共产主义精神①。

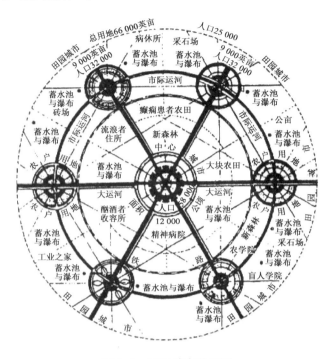

图 3-1　田园城市总平面
来源：沈玉麟.外国城市建设史[M].北京：中国建筑工业出版社,1989

"田园城市"理论被认为是现代城市规划的开端,对后来的规划理论如"有机疏散""新城建设"等都产生了极大的影响。英国的哈罗新城、肯伯诺尔德新城、密尔顿·凯恩斯新城等都是其代表。新城建设的主要目标之一就是对主城中过度密集的人口进行疏散,同时改造主城环境,为进一步的城市发展创造条件。

尽管有众多理论依据和成功案例,半个世纪以来,除欧洲控制得较好之外,城市向郊区蔓延仍然演化为世界众多城市尤其是美国城市的主流发展模式。据统计,1970—1990 年 20 年间,全美最大的 100 个城市的城区面积增幅为 69.6%,而人口仅增加 41.7%,同期人均占用建设用地增速为 23.5%,部分城市即使是人口呈负增长的情况下,城区面积仍大幅度增加。据美国农业部估计,1992—1997 年 5 年间,美国城市扩张侵占农地 518 万 hm²,其中耕地 214.5 万 hm²,照此速度发展到 2010 年,到时将严重威胁美国的粮食出口以及现有膳食结构的维持。同时城市蔓延还带来了系列生态环境问题和社会问题②。

在可持续发展方面,郊区化显然是个反面典型。低密度的布局直接导致了大量的土地占用和大量的能源消耗。"一个很常见的情况是,妻子们在郊区开车完成的家事加起来的里程要比丈夫们上下班的里程还要多"③。经历石油危机以后,这种模式越来越受到人们强烈的质疑。"从人文、经济和生态的角度看,没有比现在更迫切地需要建立与自然的一种新

---

①　E Howard. Tomorrow：A Peaceful Path To Real Reform[M]. London：Faber and Faber,1898
②　付海英,朱德举,石英,等.我国土地利用总体规划应借鉴美国城市精明增长的理念[N].中国信息,2006-09-20
③　简·雅各布斯.美国大城市的死与生[M].金衡山,译.南京：译林出版社,2006

的关系了,这是由于目前流行的乱七八糟的郊区开发、任意浪费的分区、条形的商业街以及从未公布过的每年为建造比较开放的景观而造成的城市蔓延因此而丧失了的人类活动领域内的大量土地等"①。

郊区化所引发的问题还不仅如此,低层低密度的郊区住宅模式导致郊区面积急速扩大、大量蔓延,成为美国城市的顽疾(图 3-2)。在城市空间和景观方面,郊区显得千篇一律,传统的城市空间在这些广阔的住宅区里几乎无迹可寻。雅各布斯在《美国大城市的死与生》一书中写道:"中等收入住宅区则是死气沉沉,兵营一般封闭,毫无城市生活的生气和活力可言,真正让人感到不可思议。"为此,20 世纪 60 年代以后出现了许多矛头直指郊区化泛滥的城市规划思潮,比较具有代表性的包括城市更新运动、新城市主义、精明增长和紧凑城市理论等。

图 3-2 急速蔓延的美国郊区
来源:www.e-cah.org/urba.htm

(1) 新城市主义

从 20 世纪 80 年代开始,基于对郊区蔓延而引发的一系列社会、经济及环境问题的反思,美国逐渐兴起了一种新的城市设计运动——新传统主义规划(Neo-traditional Planning),后来更名为更广为人知的新城市主义(New Urbanism)。1993 年,新城市主义协会(Congress for the New Urbanism)召开首次会议,研究和探索有关城市改造与新区规划的理念和方法。他们没有将目光局限于建筑和规划领域,而是在经济、交通、人口、种族等更为广阔的领域中寻求解决问题的途径。1996 年在第四届新城市主义代表大会上,到会的 266 名委员共同签署的大会的纲领性文件——《新城市主义宪章》(*The Charter of the New Urbanism*)成为新城市主义的宣言和指南。

新城市主义认为,发生在大城市内部、郊区及自然环境中的一系列困扰当今城市的社

---

① 肯尼斯·弗兰姆普敦. 现代建筑——一部批判的历史[M]. 张钦楠,译. 北京:生活·读书·新知三联书店,2004

会问题,如城市效率低下、内城衰退、贫富隔离、环境恶化及建筑遗产损毁等,都存在着内在的相互联系。这些问题的产生固然有着复杂的背景,但都可以直接或间接地归咎于二战后开始的郊区化无序蔓延,而错误的政策及不合理的规划设计思维是导致无序蔓延的症结所在。基于现代主义思想的现行政策法规和规划条例,奉行功能分隔、汽车主导,忽视公共领域,漠视人文精神和自然环境,必然会产生这些社会问题,因此必须对其进行全面的改革。基于这样的逻辑和信念,新城市主义明确自己的任务为:修复大城市区域现存的市镇中心,恢复并强化其核心作用;整合松散的郊区,使之成为具有多样性的社区;保护自然环境,保存建筑遗产等。其最终目的是要扭转郊区化无序蔓延所造成的不良后果,重建宜人的城市家园(图 3-3,图 3-4)。

图 3-3 汽车主导的住区 1

来源:img. slate.com/media

图 3-4 汽车主导的住区 2

来源:www. art. com/asp/sp-asp/_/pd-10257635/Aerial_View_Of_Las_Vegas_Suburb_Las_Vegas_Nevada_USA.htm

新城市主义的设计体现在三个不同尺度的层次:区域层次,包括大都市区、大城市和城镇;城镇层面,包括邻里、街区和廊道;城区层面,包括街块、街道和建筑物。在城镇层面,新城市主义反对僵化的功能分区,倡导每个街区功能的多样化,从而促进各个区段生长成为有机的城市细胞。其提出的原则包括紧凑性原则、适宜步行原则、多样性原则和可支付原则等。在城区层面上,新城市主义强调的核心是公共空间,试图从建筑的层次上,实现城市公共空间的连续性,尤其是街道空间的连续性。具体的建议包括:街区的尺度控制在长 600 ft(183 m)、周长 1 800 ft(549 m)的范围之内;街道的设计应考虑其等级和性质,包括人行道、车行道和林荫道等不同的类型;街道不宜过宽,以便于步行者穿越,同时应根据道路断面决定沿街建筑的高度;减少地上的大面积停车场,改用地下停车以及沿街边停车的方式等。从新城市主义的理论和实践看,都涉及十分宽广的领域。这种理论可以看作是可持续城市及住区理论的一种形式,它延续了对现代主义的反思,并结合了当代西方城市的真实状况,成为一种重要的城市建设发展道路[①]。

(2) 精明增长

随城市蔓延而来的诸多问题,引发了社会各阶层关于政府在市场经济条件下引导控制城市发展方式的反思。为此,1994 年美国规划协会(APA)提出了"城市精明增长计划",针

---

① 靳润成,张俊芳,刘君德. 新城市主义社区规划与设计的几大法则[J]. 经济地理,2004(3)

对城市扩张势态进行了新的土地规划改革工作,并于 2002 年出版了《精明增长的城市规划立法指南》;1996 年,美国规划协会(APA)、环境保护局(EPA)、美国农田信托(AFT)等 32 家组织联合建立了精明增长网站,开始了精明增长活动的全面研究;马里兰州于 1997 年提出了政府经济调控城市蔓延和中心复兴的精明增长创新活动,其中包含"城市精明增长区法案"等 5 项法案。随后,这一种精明发展的模式全美发展,更得到公众的普遍认同①。对于精明增长的发展模式,有十条控制原则:①复合土地功能;②紧凑发展模式;③多种居住方式可选;④提供舒适步行环境;⑤提倡城市特色;⑥保护公共用地;⑦倡导公共模式;⑧强调公众参与和文化保护;⑨就近就业,工作与居住靠近且无明显分区;⑩降低开发和环境成本,遵循自然生态、适当混合功能的土地使用②。

"精明增长"希望在保持生活质量的基础上,通过紧凑型社区规划方式提升已有基础设施的发挥强度,通过更为多样化的交通方式和住房选择来对城市蔓延进行控制,同时使新的发展与原有社区改善相协调。一方面需要重点恢复城市中心和既有社区的活力,另一方面以集约的方式使新增用地需求更趋于已开发用地。这种交通、土地和社区综合利用的政策,以公共交通为导向进行土地开发,居住、商业和公共设施功能混合布置,是一项可与城市蔓延相抗衡的增长政策③。

(3) 紧凑城市

紧凑城市理念早在 1973 年就被提出,直到 20 世纪 90 年代初才逐渐在西方获得广泛关注。该理论出现以后,西方学术界对紧凑城市理念展开了一场大讨论。由于深受欧洲许多建筑师、规划师、旅游者喜爱的高密度发展著名城市的影响(图 3-5),1990 年,欧共体委员会(CEC: Commission of the European Communities)在比利时布鲁塞尔发表的绿皮书中,将"紧凑城市"视为"解决居住和环境问题的途径之一"④。

紧凑城市的基本思路为:相对较高的建筑以及人口密度更可减少城市对交通、能源的需求,减少环境污染,从而优化生活质量以及环境状况。紧凑密集的城市形态,从外部而言可大大减少人类活动对周边自然生态环境的侵蚀程度,从内部而言可降低对以私人交通为主的交通模式的依赖,从而减少能源消耗和大气污染,这是它的两个重要理论依据⑤。相应在城市空间密度、物理形态以及功能组合层面提高密集度,

图 3-5 阿姆斯特丹城市平面
来源:沈玉麟. 外国城市建设史[M]. 北京:中国建筑工业出版社,1989

---

① 梁鹤年. 精明增长[J]. 城市规划,2005(10)
② Dear Michael, Gregg Wassmansdorf. Postmodern Consequences[J]. Geographical Review, 1993, 83(3): 321-325
③ 刘志玲. 城市空间扩展与"精明增长"中国化[J]. 城市问题,2006(5)
④ 郭磊. 紧凑城市[J]. 国外城市规划,2006(1)
⑤ Finney Miles. The Los Angeles Economy: A Short Overview[J]. Cities, 1998, 15(3): 149-153

可更优化地进行资源、环境、基础设施共享,降低能耗和运行资本,实现可持续发展。从美国城市低密度高能耗、欧洲城市较高密度较高能源使用效率、东亚某些城市(如东京和香港拥有庞大且健全的公共交通体系)超高密度最经济能效可以看出,城市密度和人均能耗量之间有着某种必然规律性。因而紧凑城市的相关研究,许多均围绕高密度所带来的城市降低对私人交通的依赖性以及减少污染而展开。

紧凑城市提倡基于公共交通、步行和自行车私用基础上的紧凑城市发展模式,进而提出城市土地的混合使用,合理提高建筑的密度和强化社区服务及社区发展等的城市设计策略。紧凑城市可改变蔓延式的城市发展模式,实现城市可持续发展,节约资源,降低能源消耗,保护自然和生态环境,在未来巨大人口的压力下保护耕地,实现建设资源节约型、环境友好型社会①。

3.1.2 对机械功能主义的反思

20世纪20年代,功能分区理论正行其时,大量的城市规划严格遵从机械的功能分区方法。因此这个时期的住宅区规划具有理想主义的色彩。柯布西耶在1922年《明日之城市》这本书中提到巴黎改造方案(图3-6)②,他主张建筑竖向发展,以此增加道路宽度和活动场所,从而降低建筑密度、增加人口密度。他认为,大城市的主要问题有:城市中心区人口密度过大;城市中机动交通日益发达,数量增多,速度提高,但是现有的城市道路系统及规划方式与这种要求产生矛盾;城市中绿地空地太少,日照通风、游憩、运动条件太差。因此要从规划着眼,以技术为手段,改善城市的现有空间,以适应这种情况。"明日之城"用简单的几何图形的方格网加放射形道路系统来统领全局,住宅区分布在公园周围,并且均向高空发展,以便留出大片空地布置公园和运动场等绿地空间,同时增加交通空间,组织立体交通。在这种理论下,既可支持城市住宅区人口高密度,又能形成开阔、安静和优美的居住环境,使居民获得充分的阳光与空气。

图3-6 光明城市

来源:沈玉麟. 外国城市建设史[M]. 北京:中国建筑工业出版社,1989

---

① 陈海燕,贾倍思. 紧凑还是分散?——对中国城市在加速城市化进程中发展方向的思考[J]. 城市规划,2006(5)
② 勒·柯布西耶. 明日之城市[M]. 李浩,译. 北京:中国建筑工业出版社,2009

二战后的快速城市化建设,以"明日之城"为理论代表,大幅改变城市原有形态和结构,引发了一系列复杂的城市及社会问题。现代主义城市规划所倡导的居住区从技术角度出发,重物质层面而轻心理交往需求,排布方式和功能相对单一,用地空间的使用率和人际交流成为亟须解决的矛盾,体现了"现代主义"在人文关怀方面的历史局限性。20世纪60年代以后,许多西方学者开始从不同角度对现代主义城市规划理论指导下的大规模建设以及更新进行反思。

(1) 雅各布斯和《美国大城市的死与生》

1961年,简·雅各布斯出版了她的第一本专著《美国大城市的死与生》,在美国社会引起巨大轰动。雅各布斯作为一个记者,并不是专门从事城市研究的学者或专家,她写就此书的口吻,在专业人士看来,也是极其业余的和情绪化的。因此当时的主流规划界对此不以为然,认定这本书"除了给规划带来麻烦,其余什么也没有"。然而今天这本书已经成为各国规划师必读的经典,在城市规划史上具有里程碑式的意义。

雅各布斯推崇城市作为千差万别的人所聚居的场所应具有多样性(图3-7),"多样性是城市的天性"。在她看来,现代城市规划理论是田园城市和国际主义的结合,虽然较好地进行了区域划分,但忽视了高密度、小尺度街区和开放混合空间对于城市活力的重要意义,功能过于纯化的商业区、居住区和文化区都是病态而不符合城市多样性本质的。

雅各布斯认为一个"好的、生机勃勃的城市"在形态上应具有四个要点,即:

① 各个城市区块都要保持混合用途。城市生活有多种需求,各种功能混杂在同一区域,才能提高设施的使用效率,保证每天的不同时段都有人气。

② 街段要短,路网要密。街段短,就是说沿一条纵向的路前行很快就可碰到横向的巷或交叉口。这样的街道充满变化,使步行充满趣味,还可以为商业和服务设施提供更多的临街面。同时,短街段、密路网的形式也鼓励步行和自行车交通,如果再配以公共交通,就更进一步成就了城市生活。

图3-7 瑞士卢加诺富有活力的城市街道

③ 不同年龄的建筑物要并存,特别是那些老建筑,由于租金较低,可以为中小企业提供场所,还可以孵化新兴企业。不同年龄的普通建筑聚集在一起,复杂多元的功能用途才有可能真正地混合。

④ 保持一定的人口和居住密度。因为城市密度一低,行人稀少,各种商业、服务业难以

为继，无法产生和培育各种复杂的城市需求①。

雅各布斯认为大城市的出现适应了现代人类对于"一种相互交错、互相关联的多样性的需求"，这种动态十足的多样性极大地丰富了人类的经济生活和社会生活。她从社会批评家而非城市规划专业的视角，出于对城市生活的观察以及直觉，对城市中的人行道、街区公共活动中心、人口、贫民区、交通等最普通的城市元素进行观察。她将人的交流称为"街道芭蕾"，重视不同人群的混合共存，对当时城市规划主流具有强烈的批判意味。

(2) 克·亚历山大和《城市并非树形》

亚历山大首先分析了自然城市和人工城市的差别，他认为自然城市是一种半网络结构，而人工城市则是一种简单线性的树状结构。通过分析两种不同系统结构的形成过程，亚历山大得出以下几个结论：

① 树形结构，从数学上说，是一种半网络结构的特例，因此这里所说的"半网络结构"其实应该具体说是不属于树形结构的半网络结构。

② 树形结构的形成遵循了比半网络结构更多更为严格的规则。

③ 树形结构之所以在城市结构中使城市受到损伤，正是因为其缺乏半网络结构所具有的联系的多样性和结构复杂性。可以这么理解，复杂，而不是简洁，在城市结构中成为优点②。

亚历山大形容道："无论何时我们有树形结构，这都意味着在这个结构中，没有任一单元的任何部分曾和其他单元有连接，除非以整个这一单元为媒介。这种限制的危害究竟有多大是难以领悟的。这有点儿像一个家庭中的成员不能自由地和外人交朋友，除非整个家庭和外界交友一样。"在亚历山大那里，"混合、复杂、丰富、开放"成为形容城市空间的褒义词。这对强调"清晰、明确、单一、理性"的功能主义城市规划而言，是具有颠覆性的③。所以，在《城市并非树形》向众人阐述此种思维方式之后，对于城市问题多样性和复杂性的讨论有了重要的理论依据④。

(3)《马丘比丘宪章》

1977年签署的《马丘比丘宪章》对《雅典宪章》的功能分区原则进行了反思——依照《雅典宪章》所设想，城市规划以解决生活、工作、休憩和交通这四项基本社会功能之间相互关系为目的，倾向于将城市按区域或组成划分，这种做法容易因追求过于清晰的分区而牺牲城市原有的有机构成。这种形而上的做法所导致的结果在许多新城都可以看到，缺乏对城市居民人际关系这一方面的考虑，忽视了人类活动的流动性、所需空间的连续性，因而建筑物相对孤立，使城市生活相对缺乏活力。而在《马丘比丘宪章》中，希望避免机械地拼接城市的各个组成部分，而去有机地创造一个自在的多功能综合环境。

---

① 简·雅各布斯. 美国大城市的死与生[M]. 金衡山, 译. 南京：译林出版社, 2005
② C Alexander. A City is not a Tree[J]. Architectural Forum, 1965, 122(1): 58-62(Part I), 122(2): 58-62(Part II)
③ 尼古拉斯·佩夫斯纳. 反理性主义者与理性主义者[M]. 邓敬, 译. 北京：中国建筑工业出版社, 2003
④ 也有学者认为，《城市并非树形》在城市空间的"生成"和"创造"问题上，采用的是一种以数学为基础的分析方法，导致在认识论和方法论之间存在着明显的矛盾。见汪原. "生成"、"创造"以及形式化的悖论——关于《城市并非树型》的形而上学批判[J]. 建筑师, 2006(3)

对于住房问题,与《雅典宪章》相反,《马丘比丘宪章》提出:"人的相互作用与交往是城市存在的基本根据,城市规划与住房设计必须反映这一现实。同样重要的目标是要争取获得生活的基本质量以及与自然环境的协调。住房不能再当作一种实用商品来看待了,必须要把它看成促进社会发展的一种强有力的工具。住房设计必须具有灵活性以便易于适应社会要求的变化,并鼓励建筑使用者创造性地参与设计和施工。还需要研制低成本的建筑构件供需要建房的人们使用。在人的交往中,宽容和谅解的精神是城市生活的首要因素,这一点应作为为不同社会阶层选择居住区位置和设计的指针,而没有有损人类尊严的强加于人的差别。"

《马丘比丘宪章》在住区规划层面上,相对于以往对城市居民人际关系考虑的欠缺,提出"人的相互作用与交往是城市存在的基本依据"。因此而引发一系列关于人类社会与城市生活主客体关系的思考,并产生以"社会规划"为着眼点的社区规划理论——本着物质、社会和空间三种秩序的精神,以及物质原则、社会原则、生态原则、持续发展原则,试图实现"理想的社会空间",对城市居住形态结构的要求除需满足物质生活及空间景观之外,还需促进精神文明,强化新的邻里精神和生活凝聚力,以使社会发展更为健康[①]。

3.1.3 当代理论发展的特点和趋势

城市理论所要解决的问题,是满足人们在城市中的各种需求,包括物质层面的功能性需求和精神层面的心理情感需求,从最根本上说,是对人性的关怀[②]。20世纪60年代以后,基本是一个城市理论的发展反思时期。无论是代表着分散概念的"田园城市",还是代表着集中概念的"明日之城",都受到了猛烈的批判,这是一个令人遗憾的结果。因为不管是霍华德还是柯布西耶,出发点都是为了解决当时出现的迫切的城市病,并为当时的社会问题寻找一条出路。吴志强指出:"强调人与自然的和谐,是现代城市规划历史中对待人类生活与自然环境关系的百年不变的精神纲领。强调城市发展过程中时间上的和谐,是现代城市规划历史中对待历史、现实与未来三者关系的百年不变的精神纲领。强调社会生活的和谐,是现代城市规划历史中对待社会生活中各个社会团体之间关系的百年精神纲领。"[③]

理论不断发展,关于城市居住形态之研究重点,逐渐从物质形态和居住分区转为从生态识别、社区归属等更为偏重于社会文化的方面考虑。时至今日,其中诸多关于邻里关系、私密性、生态保护、犯罪率的讨论与解决方案,依旧对中国的居住形态发展有着相当的启发。当今中国城市的居住形态需要更为理性及人性化的解读,因此需要抛开对西方住区经典案例单纯的形态模仿,转而关注它们所隐含的深刻意义。

居住形态的集中和分散,在过去的半个世纪都遭遇了问题。诸多的理论反复表明,城市是一个复杂的系统,因此简单机械化的"集中"和"分散"都将导致问题。寻找平衡,追求可持续性,维持城市的复杂性和多样性成为当代的主要特点。

---

① 陈占祥. 马丘比丘宪章[J]. 城市规划研究,1979(1)
② Chanjin Chung, Samuel L, et al. Racial Differences in Transportation Access to Employment in Chicago and Los Angeles[J]. American Economic Review,2001,91(2):174-177
③ 吴志强. 百年现代城市规划中不变的精神和责任[J]. 城市规划,1999(1)

(1) 可持续性

联合国开发计划署在1994年的《人类发展报告》中指出:"可持续人类发展乃是这样一种意义上的发展:它不仅创造经济增长,而且关注经济增长成果的公平分配;它要再造环境,而不是破坏环境;它给予人助益,而不是使人边缘化。它是这样的发展,它优先关注穷人,增加其选择和机会,使他们更多地参与到影响他们生活的决策活动中来。它是这样的发展,关注人、关注自然、关注就业和妇女的发展。"①

1996年6月3日至14日在伊斯坦布尔召开了联合国第二届人类住区大会,倡议各国要在《联合国宪章》的鼓舞下,采用可持续的生产、消费、交通和住区发展方式,防止污染,尊重生态系统的承载能力,并且为后代人保存机会。即要使每个人都有个安全的家,能过上有尊严、身体健康、安全、幸福和充满希望的体面生活。会议确立了21世纪人类奋斗的两个主题:"人人有适当的住房"和"城市化世界中的可持续的人类住区发展",即保证人人享有适当住房和使人类住区更安全、更健康、更舒适、更公平、更持久,也更具效率②。这实际上也明确地指出了城市和住区未来的发展方向。

(2) 有机集中

刘易斯·芒福德说过:"城市是一种特殊的构造,这种构造致密而紧凑,专门用来流传人类文明的成果。"③什么样的城市空间形态才是可持续发展的城市形态?对此,国际上的论争也由来已久。关于集中抑或是分散的理论争端贯穿整整一个世纪,此二者各有利弊,因而一直争论不休(图3-8)④。

图 3-8 沙里宁的有机分散理论模式
来源:沈玉麟.外国城市建设史[M].北京:中国建筑工业出版社,1989

---

① United Nations. Human Development Report 1994[M]. New York: United Nations Development Programme, 1994
② 金逸民.迎接世界城市化挑战 实现人居可持续发展[J].中国人口·资源与环境,1996(3)
③ 刘易斯·芒福德.城市发展史:起源、演变和前景[M].宋俊岭,倪文彦,译.北京:中国建筑工业出版社,2005
④ 朱喜钢.城市空间集中与分散论[M].北京:中国建筑工业出版社,2002

由于分散论及集中论都是优缺点并存,采取折中的立场也许就会显得更有说服力。事实上,尽管"田园城市"的代表人物霍华德往往被认为是"分散"的代表人物,但他的许多观点却更代表了折中的主张。

尤其是近年来所提出的"分散化的集中",是紧凑城市的重要理念。该理念意指有发达便捷的公共交通系统联系城市中心群。这种模式解除了单核心城市格局的束缚,同时维持了紧凑城市的高密高强特色,尤其对于解决中国特大和高人口密度城市问题有着十分现实的意义(图3-9,图3-10)。作为紧凑城市理论的延续,在居住形态方面提出了"紧凑住区",即维持相对的高建筑密度,配以完善的设施和交通系统。这种折中模式是近年来众多学者支持的主流,亦是未来居住形态重要的发展方向。

图 3-9　香港高层住宅(一)

图 3-10　香港高层住宅(二)

来源:http://bbs.classic023.comthread-266266-1-1.html

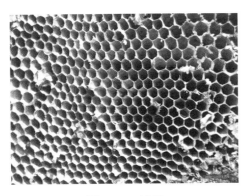

图 3-11　蜂巢

来源:http://www.imagewa.comPhoto49534419.htm

图 3-12　蚁巢

来源:http://www.worldofstock.comcloseupsNIN2088.php

在自然界中生物的高密度聚集方式经常可见,例如蚁巢和蜂巢(图3-11,图3-12)。以这种高密度聚集生长的生物往往具有较强的社会属性。这种高密度的聚集方式有利于它们的社会性发展,从而通过社会分工和信息交流提高生存效率,节省成本,即可以完成个体生物简单叠加所不能完成的生产行为。它们的高密度居住空间有着合理的功能设置及功能组合,在生存中显得结构精巧,分工合理,丝毫不因其高密度的聚集而显得局促[①]。

---

① 刘易斯·托马斯.细胞生命的礼赞[M].李绍明,译.长沙:湖南科学技术出版社,1992

类似的高密度聚集的居住空间同样出现在人类社会中。其中以香港、东京、纽约等土地价格相对高昂的都市为典型。香港住宅用地的供应问题复杂,往往取决于社会经济状况和政府的住宅政策,住宅需求量除了取决于人口及家庭数目增长外,还与当局决策有关。香港集合住宅所呈现出的高密度形态,往往以较低生存质量为代价。

在探讨适宜居住密度的评价体系时,几种同样高密度聚集的特殊功能居住空间值得探讨,即学生宿舍、兵营和监狱,可以从某种程度对它们进行一定的比较。米歇尔·福柯在其《规训与惩罚》一书中提到,以上几种特殊的居住模式都来自一种以思维控制为目的的原始雏形[1]。但相对而言,学生宿舍的训导方式较为仁厚、温和,监狱的操作模式体现了彻底而严厉的制度,而军营的控制程度则居于这两者之间。随着欧洲1762年教育空间拓展之后,学校的班级功能变得单纯,学生的宿舍也相对自由而蓬勃,富有生机。它们具有几乎同样的高密度的居住空间,甚至同样的行为模式,而导致的生存环境有着显著的差异,其原因更多根植于精神状态的不同。

适宜的居住密度不仅来自对于密度本身量化的研究,也受控于影响居住密度因素的评价因子[2]。如公共空间要素,提供居民以更多的社会交流;交通要素决定居住空间的便捷及可达性;历史自然要素提供良好的生活环境;文、体、卫等基础设施决定了居民的生活保障;而土地价格要素作为多种因素合力作用的结果,对于居住区位的选择有着极深的影响。

(3)混合空间

由于早期的现代主义建筑以及城市规划理论源于理性和科学的深层背景,在功能主义的倡导下,形式与功能之间有着相对过于严格的对应关系,从而削弱了城市的丰富性。在日后的现代主义发展思潮中,这一稍显粗暴的功能对应一直饱受诟病(图3-13~图3-17)。

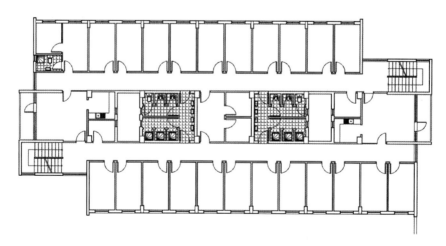

图 3-13 现代学生宿舍
来源:http://www.bilkent.edu.tr/bilkent-tr/admin-unit/yurt/e_64.html

---

[1] 米歇尔·福柯. 规训与惩罚[M]. 刘北成,杨远缨,译. 北京:生活·读书·新知三联书店,2007
[2] 蒋竟,丁沃沃. 从居住密度的角度研究城市的居住质量[J]. 现代城市研究,2004(7)

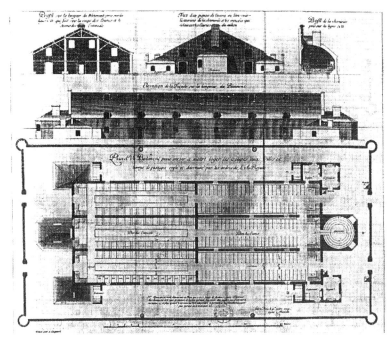

图 3-14　1719 年法国兵营

来源：米歇尔·福柯. 规训与惩罚[M]. 刘北成, 杨远婴, 译. 北京：生活·读书·新知三联书店, 2007

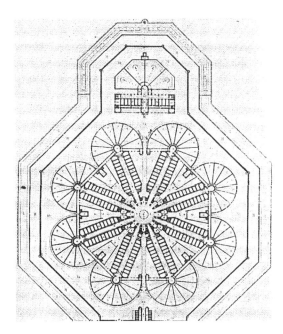

图 3-15　马扎里沙里夫监狱

来源：米歇尔·福柯. 规训与惩罚[M]. 刘北成, 杨远婴, 译. 北京：生活·读书·新知三联书店, 2007

图 3-16　德国建筑设计师 Ole Scheeren 为泰国曼谷设计的 Maha Nakhon 摩天大楼

来源：http://www.aobo.com.au/thread-147325-1-1.html

荷兰建筑师雷姆·库哈斯长期跟踪研究"高密度人口"文明的进一步发展,在《疯狂的纽约》一书中,他通过对自 1850 年起人口密度爆炸的曼哈顿进行研究,将现代大都市生活形容为不定性的、相对无序的"拥挤文化"(Culture of Congestion),而大都市的文化本质就在于变化[①]。因而,他在 S, M, L, XL 一书中,称建筑为"全能及无能的混合物",将人群高度的聚集状态视为"社会行为发生器"。这种将建筑学与社会问题相联系的视角,并没有加重建筑师承担起改造社会的使命感。相反,他提倡应该正视这种建筑师在拥挤而多变的社会现实面前无能为力的事实[②]。

图 3-17　德国建筑设计师 Ole Scheeren 为泰国曼谷设计的 Maha Nakhon 摩天大楼,局部单元

来源:http://www.aobo.com.au/thread-147325-1-1.html

在师承于库哈斯的 MVRDV 建筑设计事务所的建筑师们看来,未来城市空间是立体、垂直、数据化的,是对各种功能空间具有强大包容性的聚合空间。在 $KM3$ 和 $Metacity/Datatown$ 两本书中,他们始终坚持"密度城市"这一相当复杂的概念,并作为方案提出。"密度城市"这一概念先充分解读了未来城市的功能、结构和形态的复杂性,随后试图寻求一种条理化处理这种复杂性的方案。他们相对极端的做法是平均地球上可居住面积,即以每个人可拥有的空间,进一步推算都市密度,以此归纳进数据操作。通过这一套分析方法,他们推导呈现出了高密度化的社会状况——每四天必须建造一个可以容纳一百万人口的城市。这种都市边界无定数的、随时都在生成的极端情况,不断地向人类提出挑战,使人们致力于再构成有限的空间。

无论是对都市精神的解读,还是对城市空间的数据化计算,正是由于上述城市的复杂性,使规划师和建筑师们放弃原有生硬的功能分区原则,重投传统人文色彩浓郁的混合型空间的怀抱。

在欧洲,重视功能混合的新城市主义思维已经取代了重视分区明确的"理性主义"思维,深入到规划的实践中。这种被称为"鸡尾酒"式的开发模式,形象地描述了多元功能的融合对城市活力复兴的重要作用。混合空间不仅是功能的混合,更是包含空间形态、空间尺度及建筑密度的混合等源于传统城市的混合模式。欧洲的城市此后的建设原则基本遵循这一模式,而历史的发展不仅验证了多重混合城市空间的生命力,也从中认识了这种混合空间的美学和人文价值。

3.2　居住空间形态的跨学科研究方法

城市居住空间形态的产生和发展是一个复杂的历史过程,其中包括了社会、经济、政

---

① Rem Koolhaas. Delirious New York: A Retroactive Manifesto for Manhattan[M]. New York: The Monacelli Press, 1997
② 伍端. 流动文脉——库哈斯的 CCTV 新总部大楼方案解读[J]. 时代建筑, 2003(2)

策、文化、技术等因素的发展和共同作用。一方面,城市居住空间是城市最主体的构成部分,构成了城市最基本的外在空间形态。另一方面,居住空间是与人类生活最密切相关的空间形式,其形态是在多方面因素的影响下形成和发展的。研究居住空间形态,不仅仅在建筑学和城市规划的角度具有重要的意义,也是研究人类社会和行为的重要观察窗口。

因此,对于居住空间形态的研究,各个学科的学者从不同的角度,对其进行了深入的剖析。而在这一系列的分析和研究中,通过借鉴其他学科的研究成果和视角,综合性的跨学科研究成为居住形态研究中的一种主要分析方法。在这一系列有着不同的研究对象和目的的研究中,广泛的跨学科交叉为城市居住空间形态的研究提供了广泛的理论视角。以下是几个具有代表性的居住形态研究视角:

3.2.1 物质环境视角的居住空间形态演化研究

物质环境视角(Physical Environment)的居住空间形态演化研究,传统上主要包括建筑学、城市规划和地理学等学科。上述学科的研究对象主要集中在城市空间的物质属性(Urban Physical Space)上,包括城市物质空间环境的类型及其演化过程。其中,又可以分为两种不同的研究角度[1]。

(1) 客观物质形态分析

这种研究视角是从空间的客观外在表现形态入手,对空间形态的规模、形式、结构等方面进行了深入的探讨。对于城市空间形态,许多学者认为可以分为多个"空间要素",对此不同的学者有不同的表述。例如,Conzen 引入了"边缘地带"(Fringe Belt)和"固结界线"(Fixation Line)的概念。他的研究方法是判识"固结界线"作为城市物质空间发展的障碍,包括自然因素(如河道)、人工因素(如铁路)和无形因素(如地产业权)。[2] 城市物质空间的发展会在一段时间内受到这些因素的束缚,但最终会克服这些障碍,产生新的边缘地带,直至遇到新的固结界线,从而形成城市物质空间的分布模式[3]。而 Smailes 的研究工作表明,城市物质形态的演变是一种双重过程,包括向外扩展(Outward Extension)和内部重组(Internal Reorganization),分别以"增生"(Accretion)和"替代"(Replacement)的方式形成新的城市形态结构。替代过程往往既是物质性的又是功能性的,特别是在城市核心地区[4]。国内的学者对此也提出了各自的观点,例如,齐康从外部物质形态的角度提出,城市空间可分为"皮、核、轴、架、群"这五种不同的表现形态[5];武进认为,构成城市形态的物质要素可以分为道路网、街区、节点、城市用地和城市发展轴[6];段进认为同样的空间结构可能对应多个城市空间形态,而城市物质空间的构成要素则由用地、道路网、界面、节点等组成[7]。产生不同空间形态的重要原因在于空间的组织关系。

---

[1] David Byrne. Understanding the Urban[M]. Hampshire: Palgrave Macmillan, 2001
[2] 康泽恩. 城镇平面格局分析:诺森伯兰郡安尼克案例研究[M]. 宋峰,等译. 北京:中国建筑工业出版社,2011
[3] John Hudson. Boundaries and conservation[J]. Structural Survey, 2000, 18(5): 192-194
[4] 唐子来. 西方城市空间结构研究的理论和方法[J]. 城市规划汇刊,1997(6)
[5] 齐康. 城市建筑[M]. 南京:东南大学出版社,2001
[6] 武进. 中国城市形态:结构、特征及其演变[M]. 南京:江苏科学技术出版社,1990
[7] 段进. 关于我国城市规划体系结构的思考[J]. 规划师,1999(4)

而随着其他领域理论的发展,许多学者运用了耗散结构理论、自组织理论、仿生科学、细胞自动机等理论,对城市空间形态的发展变化进行了实证研究,获得了一些成果。20世纪70年代,P. M. Allen的研究结果认为"城市是实现于局部行为的自组织结构的深刻范例"。此后,许多学者在此基础上进行了大量的研究工作,包括进行了大量的城市生长模拟、城市形态分维数实证总结、城市土地利用分形图式模拟、城市扩展的细胞自动机模型构建等一系列研究,从而将城市空间演变带入分形几何研究领域①。通过这些研究,这些学者认为城市是一个具有耗散结构的复杂系统,其空间演变遵循一定的自组织规律,是在一种系统化的空间动力学作用下发展的。

(2) 主观物质形态体验

另一种研究角度,则从对物质环境的主观体验入手,强调人与环境的互动关系。城市环境与人的行为和感知具有密切的联系,对城市形态的主体认知往往与个人或群体对城市形态的感知、文化认同与历史记忆等有关。因此需要从使用者的心理感知出发,对客观环境进行意象化的分析。相关的理论往往从空间使用者的主体认识角度出发,强调主体行为和价值追求对空间形态发展的认识及其能动作用②。

凯文·林奇对城市环境的意象构成进行了具有开创性的研究。他以波士顿、泽西城和洛杉矶三座城市为调研对象,通过对当地居民进行抽样访谈的结果,调查了给公众留下深刻印象的城市意象,并就城市意象元素、城市形态等问题进行了归纳和论述(图3-18)。林奇将城市意象构成要素总结概括为路径(Paths)、边界(Edges)、地域(Districts)、节点(Nodes)和地标(Landmarks)。对于城市环境的合意程度的主要研究工作是分析人们的居住选择意愿③。在林奇那里,好的城市形态(Good City Form)首先取决于个人和群体本身的心理感知,而不是技术、经济和生产方式。一个具有可读性、可意象性的城市形态,则可以被称之为好的城市形态。这一观点此后也成为城市设计的重要理论和依据。

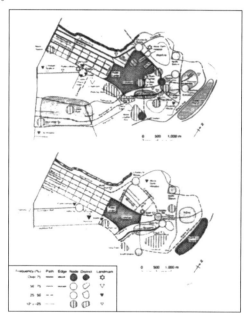

图3-18 波士顿的城市意象构成
来源:凯文·林奇.城市形态[M].林庆怡,等译.北京:华夏出版社,2001

在国内,齐康认为,城市空间形态是社会经济系统作用下城市表现出的物质与精神形态,具有综合性。城市形态是城市传统文化、现代文化、地域文化共同作用下的产物,它代表着城市的特色和性格④。刘青昊认为,城市空间形态与城市自然生态之间是共生的,好的城市形态应该符合城市的生态价值需要,城市空间形态发展应面向完善的生态体系和高效的生态组

---

① 朱东风. 1990年代以来苏州城市空间发展[D]. 南京:东南大学,2006
② Saskia Sassen. Visionary Power[M]. Rotterdam: NAi Publishers, 2007
③ 凯文·林奇. 城市意象[M]. 方益萍,等译. 北京:华夏出版社,2001
④ 齐康. 城市环境规划设计与方法[M]. 北京:中国建筑工业出版社,1997

织机能[①]。

3.2.2 社会学科视角的居住空间形态研究

与物质空间决定论相对应的是以一些社会学家为代表的呼声。他们认为城市空间是社会现实的体现,是从属于社会结构发展的。居住空间形态的发展和演变具有鲜明的社会属性(Urban Social Space),是一种复杂的经济、文化现象和社会过程[②]。在弗里德曼(J. Friedmann)那里,城市的发展具有一种"社会—空间"过程[③]。这种说法明确地指出了城市空间的复杂性——并不是一个有形的或者是可以清晰界定的对象,而是一种互动系统。对于居住形态而言,不仅仅需要研究具体空间形态的外部表现形式,也需要注重空间形态和社会环境之间的互动关系。20世纪80年代以来,在人文社会学科领域出现了"空间转向"的趋势,越来越多的研究者将目光投向了城市空间[④]。当前关于居住形态的社会学研究,主要包括以下热点:

(1) 社区规划

由"住区规划"转为"社区规划",是随着深厚的社会学理论背景发展而来的。自1887年德国人滕尼斯在他的专著《社区与社会》中提出社区理论以来,由欧洲传入美国,于20世纪20年代至50年代进入高峰。美国芝加哥学派提出的人文区位学(Human Ecology)深受这一理论影响,他们跨学科引入生物学中的竞争、共生、进化以及支配等动植物区位学概念的理论术语,借此模拟都市结构和发展的动因[⑤]。这一学说在20世纪50年代之后作为社区发展与规划的操作依据,演变为社会行动理论,由于它注重微观与技术的特点,因而得到广泛应用。随着不断的理论充实以及越来越多的城市规划者的实践操作,"社区规划"从理论和实践两个方面有着愈发坚实的基础,渐成为国际通用的概念,但在实际工作中由于侧重点的不同存在着以下的差异:

① 过程说。认为社区发展指一种过程,即由公众以自己的努力,与政府当局联合一致,以改善社区的经济、社会、文化环境,把社区与整个国家的利益合为一体。社区发展从其本意看,是一种社会行动的过程。从社区发展的目标看,社区发展可认为是一种经全体社区成员积极参与,并充分发挥创造力量,以促进社区经济与社会同时进步的工作过程[⑥]。

② 方法说。与过程说观点相似,尤其强调它是一种达到某一种工作目标的手段(a means to an end)或工作方式(a way of working)。这种情况在社区发展中普遍存在,代表不同意志的社区发展规划编制者(如经济发展、福利工作、卫生工作等),通常在工作过程中会不断寻求达成其工作目标的方法,使其随社区的发展时效而变更,以引导某项工作方案在连续的阶段内成为能够被大众所接受的方法[⑦]。

---

① 刘青昊. 城市形态的生态机制[J]. 城市规划,1995(2)
② Casper Dale E. Urban America Examined: A Bibliography[M]. New York: Garland, 1985
③ J Friedmann. The World City Hypothesis[J]. Development and Change, 1986, 17
④ 曼纽尔·卡斯特. 千年终结[M]. 夏铸九,等译. 北京:社会科学文献出版社,2006
⑤ P Jenkins. Planning and Housing in the Rapidly Urbanising World[M]. London: Routledge, 2006
⑥ 大卫·沃尔特斯,等. 设计先行——基于设计的社区规划[M]. 张倩,等译. 北京:中国建筑工业出版社,2006
⑦ 杰拉尔德·A. 波特菲尔德,等. 社区规划简明手册[M]. 张晓军,潘芳,译. 北京:中国建筑工业出版社,2003

③ 社会运动说。强调社区发展是一种社会改造运动,认为社区发展是用以促进全社区改善的一种运动。这种运动应由社区成员积极参与,尽量利用社区自助的力量推行,必要时辅以一定的工作技巧,激发成员的参与热情。其目的在于唤起社区成员的自觉与自助。作为一种运动,在推行时需借助居民的热情、通过一定的领导方式和宣传,提出行动的理想目标,来促进社区的自觉而改变居民的态度。这种观点奉行依靠外来力量,推动社区变迁,可以用于社区工作推动的初期,但不易形成一定的制度。

④ 工作方案说。认为社区发展是一系列的工作活动或工作方案。如某一项工作计划、某一个规划方案、某一项具体发展措施。强调该项工作的完成和社区的有形的发展,而忽视对社区成员的教育和心理建设。联合国专门工作机构在推行社区发展初期(1963)时曾一度提出这类定义:"通过人民自己的努力与政府当局合作,以改善社区的经济、社会和文化环境,把社区纳入国家生活中,从而对推动国家进步做出贡献。"后经罗斯(Murray G. Ross)提出讨论批判(*Community Organization: Theory & principles*,1955)后,已很少引用。邓罕姆(Arthur Dunham)将社区发展视为改善社区生活的有组织的努力,包括四个方面:一项有计划的工作方案,对社区成员自助意识的鼓励和培育,外来力量的援助,专家的研究和协助。虽然邓罕姆的观点仍偏重于方案的看法,但外延已有所扩大[①]。

(2) 空间分异

早期的城市空间研究是针对北美城市内部空间结构的空间分异而总结的三种典型模式:Burgess(1925)以家庭类型为背景的同心圆模式、Hoyt(1939)以经济地位为背景的扇形模式、Harris 和 Ullman(1945)以种族为背景的多核心模式。Shevky、Williams 和 Bell 在随后的研究中对空间分异加以概括,运用人口普查单元划分成不同社会空间类型的方式,进一步判别其结构模式(图 3-19)。

自 1970 年之后,广泛运用的多变量统计方法,尤其是主因素分析方法成为一种归纳手段,在计算机技术的普及的基础上,设置多元独立的变量要素,进行城市内部空间分布模式中空间分异的判别及测度。

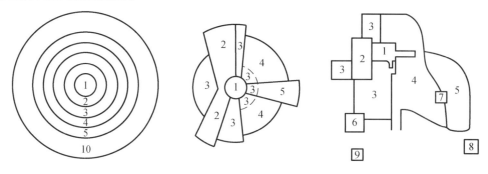

1. 中央商务区 2. 轻型制造业 3. 低阶层住宅区 4. 中等阶层住宅区 5. 高阶层住宅区
6. 重型制造业 7. 外围商务区 8. 郊外住宅区 9. 郊外工业区 10. 通勤区

图 3-19 城市空间结构的三种典型模式

来源:L S Bourne. Internal Structure of the City: Readings on Space and Environment[M]. Oxford: Oxford University Press, 1971

---

① 赵民,赵蔚. 社区发展规划:理论与实践[M]. 北京:中国建筑工业出版社,2003

（3）政治经济学分析

20世纪60年代起，新马克思主义（Neo-Marxism）在政治经济学领域的研究随着资本主义的社会矛盾深化而有所拓展，对社会科学产生了日益显著的影响，在地理学界尤其有一些较为激进的思想。在新马克思主义学者看来，将着眼点放置于城市空间结构上而不是由人所构成的社会结构层面上，是新古典主义学派或是行为学派的主要缺陷。究其根源，城市问题是由社会制度所导致的，而非它的空间载体，因而研究重点还是在城市发展中的社会结构，而手段依旧是马克思主义关于阶级关系和生产关系的解读方法。

列斐伏尔（H. Lefebvre）在20世纪70年代提出了"空间生产"的概念，其基本出发点是随着资本主义再生产的扩大，城市空间已经成为一种生产资料，加入了资本进行商品生产的过程中。在这样的一个过程中，资本通过占有、生产和消费空间，最终达到了增值的目的[1]。因此，城市发展已经不仅仅是一个单纯的自然或者技术过程，而是资本利用城市空间实现再生产的一个过程，其中贯穿着资本的逻辑。在这一过程中，城市空间的发展实际也表现了资本对于空间占有、生产、流通和消费的增值循环，从某种程度上说，城市空间就是资本主义生产关系发展的产物。他指出："空间是政治的。排除了意识形态或政治，空间就不是科学的对象，空间从来就是政治的和策略的。"因此，他认为我们所应该考虑的不是空间本身是一种科学，而是一种在资本主义社会，空间被生产以及生产过程中矛盾是如何产生的理论。Harvey分析了各种资本通过投资、建造和使用城市物质环境，获取剩余价值和实现资本积累。因此，城市物质环境的形成过程受到各种资本的影响，以满足资本再生产的要求[2]。卡斯特则指出："空间不是社会的反映（reflection），而是社会的表现（Expression）。换言之，空间不是社会的拷贝，空间就是社会。"[3]

政治经济学视角下，城市形态是社会关系的产物。因而要改变或推动城市形态向理想的方向发展，需要依靠各阶层、各群体的共同作用。哈贝马斯（Habermas）则在他的"交往行为理论"（Theory of Communicative Action）中指出，交往体现的是人与人之间的关系，行动者试图理解行动状况，以便行动计划和行动得到意见一致的安排[4]。通过交往沟通，能够促进知识的普及掌握，并通过合作使社会形成有机整体，使个体认同社会规范和价值取向，以实现社会的共同目标。吉登斯（Giddens）则提出了"第三条道路"（The Third Way）的政治口号，希望能够超越传统政治格局中的"左"和"右"，在尊重多元化思想的基础上，考虑各利益集团的要求，建立一种包容协作的新型社会关系。

在这种历史、思想和政治背景下，近年来西方国家兴起了"协作式规划"（Collaborative planning）理念，通过不同"利益相关者"（Stakeholder）的参与，强调在政策制定和实施过程中开展协作与互动，使城市规划的任务从"建造场所"（Building places）的物质空间设计过程转变为共同参与"场所营造"（Place-making）的制度化进程[5]。

---

[1] 丹尼尔·贝尔. 资本主义文化矛盾[M]. 严蓓雯, 译. 南京: 江苏人民出版社, 2007
[2] D Harvey. Social Justice and the City[M]. Baltimore: The Johns Hopkins University Press, 1973
[3] 曼纽尔·卡斯特. 信息时代三部曲: 经济、社会与文化[M]. 夏铸九, 王志弘, 译. 北京: 社会科学文献出版社, 2003
[4] 张京祥. 西方城市规划史纲[M]. 南京: 东南大学出版社, 2005
[5] 张京祥, 等. 全球化世纪的城市密集地区发展与规划[M]. 北京: 中国建筑工业出版社, 2008

3.3 本章小结

郊区化的动力来源于长久以来人们对贴近自然的渴望和对自由生活的向往。而在工业化城市环境恶化以后,这种渴望和向往则显得更为强烈。芒福德在《城市发展史》中指出:"浪漫主义运动,为人们涌向郊区提供了新的理论基础,而城市日益增加的烟雾和拥挤状况又促使人们涌向郊区。但是如果认为郊区主义只是这种思想派生出来的,那将是个错误,因为它有更为古老而深远的根源。"[①]同样,20世纪60年代以来的反对机械功能主义、要求城市紧缩的呼声,也是因为人们对于多样化城市生活的向往。

关于城市应当集中还是分散的争论,一直持续到了今天。"集中"和"分散"的诉求植根于特定的社会、经济背景。居住空间"集中—分散—再集中"的历史,是一个动态连续统一的过程。这并非出自学者的概念,而是来源于特定年代的社会客观情况和人的心理需求。这两种心理需求所导致的后果看似对立,实则都是满足人对"舒适"的基本需求。因此,需要辩证地看待"集中"与"分散"在城市发展中的关系。

城市之所以为城市,是因为聚集的结果,需要有一定的空间密度。提高城市的居住密度,往往会被认为出于房地产经济利益的考虑。雅各布斯曾无奈地表示,"城市需要更高的居住密度以及净地面覆盖率的说法(正如我所说的那样),通常被认为比与贪得无厌的人并肩作战还要恶劣"[②]。事实上,要求聚集的呼声更多是因为高密度的城市街区带来了丰富的城市功能和城市体验,是丰富多彩、充满变化和不确定性的城市生活的必要保障。因此,在这里居住空间的密度并不仅仅代表容积率、建筑占地率这样的一些经济指标,"密度"概念包含着鲜明的城市性和社会性。"密度"在这里并非只是物质意义上的高密度,也代表了一种功能意义上的聚集混合、社会意义上的地域认同,以及文化意义上的城市精神[③]。

然而,只有适宜的空间密度才能给人带来对城市生活的满足感。高密度并不标志着住宅盲目在纵向维度上增长,高开发强度目标下简单的"高层林立",某种程度上破坏了城市原有的空间肌理、自然环境、历史文脉等要素,也难以达到真正意义上的城市功能整合。维持一定的"密度",其目的在于强调城市强大的磁体功能,完善城市复合功能的集聚,以激发新的城市活力。在这一前提下,维持一定强度的空间使用效率,以提升城市内部的综合功能,并建构现代社会背景和文化下的城市形象。适宜的密度应当包含基础设施配套、现代城市环境下人的行为心理、城市空间的整体形象、交通可达性、生活便利程度等多方面因素。

---

① 刘易斯·芒福德. 城市发展史:起源、演变和前景[M]. 宋俊岭,倪文彦,译. 北京:中国建筑工业出版社,2005
② 简·雅各布斯. 美国大城市的死与生[M]. 金衡山,译. 南京:译林出版社,2005
③ Lise Saglie, NIBR. Density and Town Planning Adapting Buildings for Changing[R]. Nordberg A S, 1998

第 4 章　中国居住形态发展现状及矛盾

4.1　当代中国居住形态发展的现状和特点

中国的居住形态是在历史沿革的基础上,伴随着近几十年的快速城市化的发展而全面展开形成的,其形态发展的现状及特点和城市形态的演化发展息息相关。

4.1.1　高速扩张的城市居住空间

中国当代城市化的步伐在改革开放以后有了显著加快。国民经济和社会发展公报显示:"全国城市化的水平由 1978 年的 17.9% 提高到 1998 年的 30.1%,平均每年增加 0.6 个百分点,而同期世界城市化的水平平均每年只提高 0.25 个百分点。自 1998 年以来,我国的城镇化呈现加速发展趋势,1998—2004 年间全国城镇人口年均增长 0.48%,城镇化率也由 30.1%迅速上升到 41.76%。"[①]而紧跟中国城市化扩展和延伸的是居住形态高速扩张的进程。

自 1997 年开始推行的住房制度改革,极大地推动了我国住宅建设的市场化进程。以 2008 年为例,全年房地产开发投资 30 580 亿元,比上年增长 20.9%。其中商品住宅投资 22 081 亿元,比上年增长 22.6%;住宅施工面积达 217 166 万 m^2,比上年增长了 16%[②]。

住宅项目的开发面积占到了所有开发面积的近 80%,因此,居住形态在空间上的变化,体现了城市空间形态的演化、用地的扩张、经济的发展、政策的调控等内在机制的变化。居住空间在经历了公有住房商品化、房地产市场产业化、住宅项目市场化之后,开始反作用于城市形态。

4.1.2　高度市场化的住宅区建设

(1) 日渐完善的住宅产业政策

随着房地产业的不断快速发展,当前我国的住宅建设正趋于高度市场化的态势。这一方面来自国家土地出让制度的改革,另一方面也来源于住房政策的不断完善。这种状态实际上也是在社会主义市场经济体制不断发展和完善的大背景下逐步形成的。

进入 20 世纪 90 年代,发展有中国特色市场经济目标的提出,大大激发了发展的活力。国务院发布了《关于全面推进城镇住房制度改革的意见》,该文提出自住私房社会化,以及

[①②]　资料来源:统计年鉴,国民经济和社会发展公报

经营公司建设住房金融等相关内容。包括土地有偿出让制度和对各种资金进入房地产行业的放开限制等政策,促成了房地产行业在1991年之后的第一次飞跃,一时间迎来了投资建设的高潮。

1998年,中央政府决定停止住房福利分配,将住宅建设引向市场化发展道路。1998年的国务院23号文件的颁布,标志着我国住房制度从实物分配向货币化分配的彻底转型。文件指出:"深化城镇住房制度改革的目标是:停止住房实物分配,逐步实行住房分配货币化;建立和完善以经济适用房为主的多层次城镇住房供应体系;发展住房金融,培育和规范住房交易市场。"并决定:"1998年下半年开始停止住房实物分配,逐步实行住房分配货币化。"①

2003年的国务院18号文件指出:"(要)充分认识房地产市场持续健康发展的重要意义。房地产业关联度高,带动力强,已经成为国民经济的支柱产业。"并强调:"进一步明确房地产市场发展的指导思想。要坚持住房市场化的基本方向,不断完善房地产市场体系,更大程度地发挥市场在资源配置中的基础性作用;坚持以需求为导向,调整供应结构,满足不同收入家庭的住房需求。"②

2007年,商品住房投资占城镇住宅投资的比重达到85%,竣工面积占城镇住房供应量的比重超过72%。房地产贷款余额突破4.8万亿元人民币,占金融机构贷款余额的18.4%。房地产业增加值占GDP的比重达到4.75%。为此,温家宝总理提出:"房地产业是国民经济的重要支柱产业,对于拉动钢铁、建材及家电家居用品等产业发展举足轻重,对金融业稳定和发展至关重要,对于推动居民消费结构升级、改善民生具有重要作用。要认真分析和研究房地产市场的形势,正确引导和调控房地产走势。"③国家统计局在2007年公布的数据中指出,房地产业增加值占我国国内生产总值(GDP)比重超过5%,已经起到了国民经济发展中的支柱产业的重要作用。此外,2007年国家统计局发布的我国房地产与建筑业信息显示,全国房地产开发企业2007年为6.3万家,从业人员达172万人,完成房地产开发投资25 289亿元,同比增长30.2%。

(2) 市场化的居住空间开发模式

从开发资金的角度,非国有地产企业在2002年占到了所有投资的80%,2003年达到85%,此后仍继续上升;国有投资大量从市场中退出,民间的投资在市场中所占的总量越来越大,房地产企业不断增加,成为住宅建设的主导力量。通过激烈的市场竞争,一批高度专业化、高水平的房地产开发企业应运而生。

此外,个人购房成为市场的主流,对房地产市场要求与之前产生了诸多变化和发展,考虑因素更多的是倾向于单价、面积、房型、区位、交通、配套、售后、物管等多个环节,开发要求比之前相对更高。

然而,由于单纯而激烈的市场行为,房地产开发企业在开发的过程中,以市场和销售赢利为目标,因此往往更注重局部和短期的经济利益,从而带有先天的缺陷。城市的总体形

---

① 资料来源:《国务院关于进一步深化城镇住房制度改革加快住房建设的通知》
② 资料来源:《国务院关于促进房地产市场持续健康发展的通知》
③ 转引自:新华网 http://news.xinhuanet.com/house/2009-05/13/content_11364686.htm

象和公共空间的连续性等事关城市总体空间形态的因素,往往被淡化或忽视。因此需要城市规划和城市设计从宏观和全局的角度加以掌控和引导。

(3) 多样化的住宅产品类型

在住宅商品化之初,全国城市的住宅户型平面基本大同小异,居住区的布局和规划也采用了基本相似的模式。随着房地产市场的快速发展,住宅产品的类型日益多样化,出现了独立别墅、双拼别墅、联排住宅、多层、小高层、高层、板式、塔式等多种户型和住宅产品。建筑风格也出现了多元化的倾向,但是往往受到快速变化的市场喜恶的驱使,使住宅风格成为一种流行的符号或是标签,难以体现传统化或地域化的建筑特色。

4.1.3 快速的城市化与郊区化

从经济学的角度看,城市化是资本完成积累和循环的必然选择,城市化整个过程就如同资本扩大再生产在城市空间上的具象。从欧美国家一系列城市化、郊区化、逆城市化、再城市化的发展过程来看,其本身也是经济规律的体现。

John A. Dutton 在《新美国城市主义》(*New American Urbanism*)中认为,美国郊区化大致可分为以下五个阶段:

萌芽阶段:19 世纪后期富人沿铁路外迁时期。一般是沿电车线路外迁,中产阶级开始迁出城市中心。城市空间形态由团状向星状转变。

形成阶段:20 世纪 20 年代至 50 年代是汽车郊区化时代。大量中产阶级和上层阶级居住在郊区,工作、居住地普遍分离。大量购物和娱乐活动仍然在城市中心。

发展阶段:20 世纪 50 年代至 80 年代是普遍郊区化时期。由大规模建设的郊区住宅引起产业郊区化热潮,商业服务设施和文化娱乐设施大量迁入郊区。

成熟阶段:20 世纪 80 年代郊区的城市设施不断增加和完善,郊区的自立程度越来越大,城市功能逐步完善。

新发展阶段:20 世纪 90 年代,郊区化过程仍在继续,郊区化新的特点是边缘城市的形成。边缘城市是指原有中心是周边郊区,在此基础上形成的具备就业场所、购物、娱乐等城市功能的郊区新市镇。

而在我国,城市化和郊区化的道路则与西方有所不同:一方面是快速的城市化进程,各地城市出现了高速扩张的建设势头,另一方面大城市和特大城市已经显现出人口离心现象,随着城市新城区建设的加速,郊区化的现象已经略有体现。例如,《北京市城市总体规划》提出"积极引导人口的合理分布,通过疏散中心城的产业和人口,大力推进城市化进程,促进人口向新城和小城镇集聚。2020 年,中心城人口规划控制在 850 万人以内,新城人口约 570 万人,小城镇及城镇组团人口约 180 万人"[1]。《上海市城市总体规划》提出"合理人口布局,严格控制中心城人口规模,加快中心城人口向郊区重点发展城镇疏解,吸引农村人口向新城和中心镇集中"[2]。

相对于在交通方式和工具发展背景下产生的西方的郊区化,中国的郊区化产生于城市

---

[1] 北京市城市总体规划,2004—2020
[2] 上海市城市总体规划,1999—2020

快速扩展阶段,城市本身规模的不断扩张,是源于城市用地紧张,难以满足日益紧迫的建设需求。国人的郊区化不同于西方单一过程的空心化和城市复兴,其中包含了一种向往田园生活的朴素感情或是对城市主义的心理趋向。中国城市人口离散和聚集的过程杂糅且具有双向性,因而从某种意义而言是一种"被动郊区化"。

4.1.4 居住空间分异的现象日渐突出

居住空间分异的概念是借用生态学的理论所提出的,用以描述因居民职业、收入、文化、种族等差异而形成的不同社会阶层的聚居区域。

由于高度的市场化建设、销售以及货币化分配,使住房在供应层次上产生分化。在市场化的条件下,居民的经济收入差异直接影响了对住宅空间的选择,并逐渐对应了市场上出现的不同住宅产品。在这样的背景下,市场出于赢利的目的,一度将精力集中于中高档商品房的开发,用以迎合中高收入阶层需求,所谓"豪宅"因此产生。在普遍居住条件并不很高的基础上,这样的"豪宅"一般拥有更多的环境和区位优势,这种居住空间社会分层的现象在许多城市表现得越来越明显。针对不同经济收入的社会阶层,目前我国住宅有以下分类[①]:

商品房:是指开发商开发建设的供销售的房屋,能办产权证和国土证,可以自定价格出售的产权房。

经济适用房:是指已经列入国家计划,由城市政府组织房地产开发企业或者集资建房单位建造,以微利价向城镇中低收入家庭出售的住房。它是具有社会保障性质的商品住宅,具有经济性和适用性的特点。经济性是指住宅价格相对于市场价格而言是适中的,能够适应中低收入家庭的承受能力。适用性是指在住房设计、单套面积设定及其建筑标准上强调住房的实用效果。经济适用房的价格按建设成本确定。建设成本包括征地折让费、勘察设计及前期工程费、建安费、小区内基础设施配套建设费、贷款利息、税金、1%~3%的管理费。经济适用房以微利价出售,只售不租。

保障性住房:指政府在对中低收入家庭实行分类保障过程中所提供的限定供应对象、建设标准、销售价格或租金标准,具有社会保障性质的住房,包括"两限"商品住房、经济适用住房、政策性租赁住房以及廉租房。

限价房:是一种限价格限套型(面积)的商品房,主要解决中低收入家庭的住房困难,是目前限制高房价的一种临时性举措,并不是经济适用房。限价商品房按照"以房价定地价"的思路,采用政府组织监管、市场化运作的模式。与一般商品房不同的是,限价房在土地挂牌出让时就已被限定房屋价格、建设标准和销售对象,政府对开发商的开发成本和合理利润进行测算后,设定土地出让的价格范围,从源头上对房价进行调控。

廉租房:是指政府以租金补贴或实物配租的方式,向符合城镇居民最低生活保障标准且住房困难的家庭提供社会保障性质的住房。

当然,在现阶段居住空间的分化格局尚未完全形成,经济收入阶层的逐渐分化尚未带来居住观念和居住行为模式的明显差异。但是社会阶层空间分化的速度正在随着快速的房地产开发和销售热潮呈一种加速状态。以社会和谐发展的视角而言,这种分化的态势需

---

① 转引自:http://iask.sina.com.cn/b/15707003.html

要通过必要的政策和手段加以控制引导,在经济发展的同时实现社会公平,避免出现社会的不满和分化。

4.2 当代中国居住形态发展的问题和矛盾

4.2.1 快速规模扩张与土地集约利用之间的矛盾

诺贝尔经济学奖得主斯蒂格利茨称"中国的城市化"是21世纪影响人类进程、改变世界面貌的两件大事之一。国家统计局的数字显示,2002—2005年,我国城镇化率分别为39.1%、40.5%、41.8%、43.0%。我国城镇化率从20%～40%只用了22年,目前城镇化率已达45.7%。这个过程比发达国家平均快了一倍左右[①]。

但是,无序发展、快速扩张的城市化引发了一系列的社会环境问题。侵占周边农田现象严重威胁到18亿亩耕地红线,国家的粮食安全保障岌岌可危,中央政府对此过热的开发行为只得三令五申。稍显矛盾的是,据国民经济发展计划显示的2020年达到小康水平、2050年达到中等发达国家水平的目标,我国的城市化率须每年增加1%才能实现。城市化率每提高一个百分点,意味着城市人口将要增加1 000万～1 500万,如果考虑原有市民的住房条件升级,年住房建设量需要达到约10亿m^2。因此,快速的城市化发展将在今后的相当长一段时期内持续,城市建设和土地紧缺这一对矛盾会越来越尖锐。在这样的背景下,就必须放弃原有的粗放型发展思路,走一条集约型发展、可持续发展的居住空间发展道路。

4.2.2 住区建设与配套设施之间的矛盾

城市房地产开发已经出现规模化开发住宅小区的趋势,可以想见,开发企业为了追求利益最大化,会尽量减免居住区内非营业性配套设施,致使严重损害业主及使用者的权益。根据《城市房地产管理法》第24条的规定,"房地产开发必须严格执行城市规划,按照经济效益、社会效益、环境效益相一致的原则,实行全面规划、合理布局、综合开发、配套建设"。

同时,可以从城市总体分布上看出,配套服务设施呈现出趋于城市中心发展的现象,单中心分布现象更强化了本身单一中心的城市结构。这样的空间结构并不利于资源的分布和利用,反而无法疏散城市人口,仅仅是由于市场导向下地产业追求更多级差地租利润而形成的。尽管在总量上市中心人口略有下降,但中心区住宅用地更为集中分布,交通、市政设施压力骤增,城市空间运行效益有所降低。同时,城市配套设施中心化,更加剧了其结构性的不足。

4.2.3 标准化与特色化之间的矛盾

作为典型的资本密集型产业,房地产业需要不断加快"生产—消费—增值—再生产"的资本循环速度,并确保在空间商品的消费环节不出现问题,以保证资本增值的效率和资金链的安全。这就带来了两个直接后果:一方面,在建设周期和审批时间相对固定的条件下,

---

① 转引自:新华网,http://news.xinhuanet.com/politics/2009-08/21/content_11921674.htm

尽可能压缩设计周期,以缩短整个项目周期。这样,设计师往往面对着急迫的设计任务,难以细致地对周边环境和地域特色作出合理的响应。另一方面,面对不确定的市场,已经被市场所检验并受到肯定的成熟模式,对数额巨大的空间投资而言,显然最保险。因此,复制和抄袭成为部分开发商默许甚至鼓励的行为。其结果是模式化、同质化的空间产品大批量出现,这种现象在资金孱弱的中小型开发商那里最容易得到体现。复制,恰恰是空间资本在其成长初期的自身要求,也是迫切需要和现实可能相结合的产物。

在微观层次,空间的产品化和商品化使建筑风格对地域文化难以充分响应。一方面,在市场的要求下,建筑风格和形式的多元化孕育而生。然而,这种风格的多元化,并非植根于当地的自然环境或者文化传统,更多的是作为一种流行的商业符号,其背后是因为其商品特殊性而产生的额外剩余价值。这种商业符号,突出地体现了大众文化的某种刻意生产的拼贴式痕迹。正如一度流行的"欧陆风情""地中海式""德国小镇""新古典主义"和其他形形色色不知所谓的"××主义",曾经引发了市场的极大热情,又被快速地抛弃。居伊·德波把这种符号化的空间生产行为称为"庸俗化的扩展和集中的过程"[1]。一旦风格失去了它所植根的土壤,成为一种表面化的标签,就丧失了其本来应当拥有的地域精神和文化内涵。并且,当这些所谓"风格"大量集体登场时,对城市真正需要的地域风格是一种毁灭性的打击。

另一方面,在竞争性心理的驱使下,盲目追求"标志性"。在阿尔多·罗西眼中,城市建筑存在着"普遍性"与"特殊性"的辩证关系,城市的总体特色通过"普遍性建筑"与"特殊性建筑"的图底关系而得以呈现[2]。多元化是以统一化作为基础的,一旦"普遍性"消失,"特殊性"也无从谈起,城市特色的体现是"普遍性"与"特殊性"建筑之间的平衡状态。缺乏"特殊性"固然会导致城市空间过于均质,形成枯燥贫乏的感受,但空间形态多元化的异质汇聚一旦超过了限度,"标志性"泛滥成了"普遍性",混乱的图底关系也就终结了城市的整体性,导致城市的特色风貌无法显现。不仅是业主,建筑师也乐此不疲地参与其中,难怪弗兰普顿忧心忡忡地指出"建筑学的庸俗化及其与社会日益严重的脱离,使整个专业已被驱赶至孤立的境地,所以,目前我们面临着一种矛盾的情境"。

此外,随着全球化和"文化工业"的发展,地域文化和传统文化已经逐渐成为一种附属性的因素。不但在快速现代化建设的过程中被边缘化,并且随着消费社会的兴起日益成为一种符号化的标签,与其内在实质分离。地域文化在城市发展过程中参与能力的下降,直接抑制了特色化城市空间的形成。而与此同时,人文精神的丧失,则表现为对于经济发展效率的崇拜和对美学价值的忽视[3]。

4.3 本章小结

本章首先对近年来我国居住形态发展的现状和矛盾进行了较为全面的描述,从现象和

---

[1] 居伊·德波. 景观社会[M]. 王昭风,译. 南京:南京大学出版社,2006
[2] 阿尔多·罗西. 城市建筑学[M]. 黄士钧,译. 北京:中国建筑工业出版社,2006
[3] 江泓,张四维. 生产、复制与特色消亡——"空间生产"视角下的城市特色危机[J]. 城市规划学刊,2009(4)

机制两个角度大致勾勒出了居住形态发展的概况，并总结归纳了前一时期在城市居住空间发展中存在的问题。

我国城市化的进程已经持续了快速发展多年，而作为构成城市主体的居住空间，也在房地产开发的热潮中得到了很大的发展。尽管取得了辉煌的建设成就，但在新经济体制和政策背景下的城市居住形态发展也遇到了许多问题。高速发展的态势，在某种程度上也为未来的可持续发展埋下了隐患。居住形态的良性发展取决于多种因素，受到多重社会和经济关系的制约，其在发展中面临的种种问题就证实了这一点。

如果说，西方城市化的发展经历了一条线性的发展轨迹，每一个不同的发展阶段遭遇不同的问题，那么这些问题在我国快速城市化的进程中，以一种相对集中的方式爆发和表现了出来。当然，同时遭遇到的还包括由于我国相对特殊的经济和行政制度所带来的种种困扰。

本章力图通过演绎归纳的方式，呈现出当代居住形态发展的总体现状和趋势，以此作为实证案例研究的重要参考。

第 5 章 居住形态演化相关分析方法

5.1 基于 GIS 的城市居住形态空间数据库的建立

地理信息系统(Geographic Information System 简称 GIS)是一种特定的空间信息系统,它是以采集、存贮、管理、分析和描述整个或部分地球表面与空间和地理分布有关的数据的空间信息系统[①]。它具有以下三个方面的特征:

① 具有采集、管理、分析和输出多种地学空间信息的能力,具有空间性和动态性;

② 以地学研究和地学决策为目的,以地学模型方法为手段,具有区域空间分析、多要素综合分析和动态预测能力,产生高层次高质量的地学派生信息;

③ 由计算机系统支持进行空间数据管理,并由计算机程序模拟常规的或专门的地学分析方法或模型,作用于空间数据,产生有用信息,快速、准确地提供科学决策依据。

通过运用 GIS,不但可以建立一个系统、全面并可以即时更新的数据库,便于规划工作和管理人员查阅,更重要的是可以协助工作人员根据这些数据进行客观的分析——宏观层次可实现对城市社会、经济、文化等各要素的多因子叠加分析;微观层次可实现建筑、院落的高度、面积、人口等小层次的社会经济的图式化,以及依据街区空间要素特征进行专题图操作。

5.1.1 GIS 空间数据库简介

GIS 空间数据库有着其他空间数据库的一般特点:其基本特征包含空间特征和属性特征,分别对应空间特征数据和属性特征数据(简称空间数据和属性数据)。空间特征是空间数据区别于一般数据的主要特征,是具有地理空间意义的特征信息,包括以下几类特征信息:

① 图形信息:描述地理要素位置和形状的信息;

② 几何类型信息:点状要素、现状要素、面状要素、复杂要素、三维要素等;

③ 拓扑信息:描述地理要素的空间关系的信息。

属性特征即不具有地理空间意义的描述性专题的特征信息,主要包括:

① 名称信息:要素的专有名称,对某些要素有标识作用;

② 数量特征信息:描述要素大小或者其他可以度量的性能指标;

---

① 宋小冬,叶嘉安.地理信息系统及其在城市规划与管理中的应用[M].北京:科学出版社,1995

③ 质量描述信息:说明要素的质量构成;
④ 分类分组信息:说明要素的类型归属,用编码系统表示;
⑤ 时间特征信息:是一种特殊的属性特征,说明要素随时间推移发展或者变更的状态。

5.1.2 资料的来源

研究的资料主要是多时期的航空影像图、历次城市规划编制的土地利用现状图、社会经济统计数据,以及其他相关资料。航空影像图是从 google earth 网络中直接获取的,历次城市总体规划现状图来自南京规划局资料,社会经济资料主要来自南京市统计局网站。历次城市总体规划的现状图是由测绘单位和规划设计单位根据当时地形图经过勘测绘制出的,是各个时期城市土地利用状况的真实反映,可信度和精度都比较高,所以作为首要的数据来源(表5-1)。

表5-1 主要资料清单

数据名称	年份	说　明
南京市区图	1990	JPG；1∶50 000
南京城市总体规划	1990	JPG；1∶100 000
南京市域空间利用现状图	2000	JPG；1∶100 000
南京市域土地利用现状图	2000	JPG；1∶100 000
南京主城土地利用现状图	2001	JPG；1∶50 000
南京老城现状图	2001	CAD
南京都市区用地现状图	2004	JPG；1∶50 000
南京老城区土地利用现状图	2005	CAD
南京市域土地利用现状图	2008	JPG；1∶100 000
南京市统计年鉴	2002—2008	
南京主城功能建成图	1990	CAD；JPG 矢量化
南京市域居住建成图	2001	CAD；JPG 矢量化
南京都市区居住建成图	2001	CAD；JPG 矢量化
南京主城功能建成图	2001	CAD；JPG 矢量化
南京市域居住建成图	2004	CAD；JPG 矢量化
南京都市区居住建成图	2004	CAD；JPG 矢量化
南京主城功能建成图	2004	CAD；JPG 矢量化
南京市域居住建成图	2008	CAD；JPG 矢量化
南京都市区居住建成图	2008	CAD；JPG 矢量化
南京主城功能建成图	2008	CAD；JPG 矢量化

5.1.3 空间数据库的设计

空间数据库设计也称框架设计,是指对 GIS 中一系列数据集的数据、完整性规则和空间行为进行定义以满足某一专题需求的设计过程。专题图层(Thematic Layer)是空间数据库设计中组织空间数据的主要方法。所谓专题,即是与应用目标相关联的一系列问题域、解决方案和信息需求,一般包括数据用途、数据来源、数据表达方式、空间关系地图精度和空间范围、数据标注等。

数据表达是空间数据库设计的另一个方面,包括空间特征设计、属性特征设计以及高级空间行为和规则的设计(拓扑、关系类、子类、属性域等)。合理的数据表达能提高 GIS 的工作效率和水平,其确定的主要依据是数据用途。

概念模型的设计基于对现实世界的信息需求分析,它是对大量信息进行精确的抽象、概括,独立于计算机系统的信息模型,为数据库提供一个合理的存贮与运用的组织结构。描述概念模型的最好工具是"实体—关系"模型(Entity-Relationship,简称 E.R 模型),它不仅能表达出实体本身的属性,还能很好地反映出实体间的联系,为数据库提供一个合理的可操作的数据结构,这也是概念模型设计最重要的任务(表 5-2)。

表 5-2 数据库基本概念与现实世界研究对象对应表

现实世界	信息世界	研究对象(城市居住用地)
实体	记录	区域
属性	字段	区域边界、地理位置、用地面积、户籍人口数、距最近商业用地距离、距最近开放空间距离、距自然历史景区距离、地价评分、交通可达性评分
实体标识符	记录关键字	区域:区域编号

5.1.4 空间数据库的实现

本次研究的城市居住空间数据库主要是由 GIS 软件 MapGIS 和 ArcGIS 以及 ArcGIS 的内嵌 Avenue 开发语言、VB 语言和 Excel 等来实现的。其中,原生图形的数字化、地图的原始编辑、图形库建设等工作主要由 MapGIS 软件来完成;地图显示、文件转换、空间分析、专题制作、地图输出、图形库管理与更新、属性数据库管理以及各功能的开发工作由 ArcGIS 及其内嵌 Avenue 开发语言来实现,这主要是因为 ArcGIS 易于操作,功能集成开发,属性数据库的建立兼用 VB 语言来实现;Excel 主要在数据的初步处理与分析中发挥作用。MapGIS 软件的地图的矢量化以及地图编辑功能在世界 GIS 软件中处于领先地位;ArcGIS 是 ESRI 公司开发的桌面地理信息系统,有利于编程开发进行系统集成。用户所应用的功能均集成在 ArcGIS 界面上,通过界面操作可以实现整个信息化功能。

5.2 基于GIS空间数据库的城市居住形态分析方法

5.2.1 基于GIS空间数据库的城市居住空间分析方法技术路线

本研究技术路线主要分为三个部分：首先根据相关资料在GIS环境下建立数据库；其次借助于ArcGIS平台，利用相关方法对城市居住空间扩展、功能演变进行分析，并在此基础上结合城市其他功能类型用地综合分析作出城市居住空间适宜性分析；最后，在可集约发展和人文关怀的角度上，对城市居住空间优化和集约型开发提出合理建议和调控对策（图5-1）。

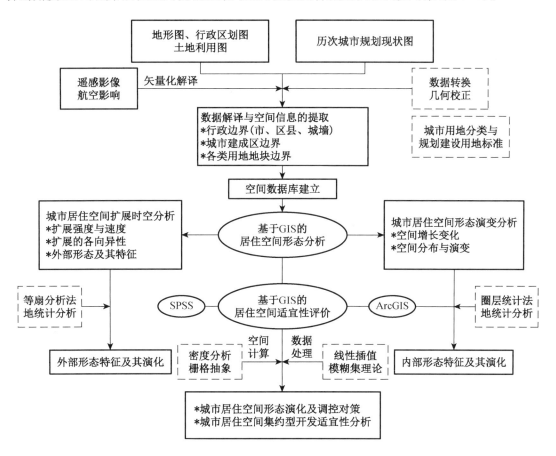

图 5-1　GIS空间形态分析方法及技术路线

5.2.2 GIS空间形态分析方法及技术路线[①]

（1）叠置分析

GIS中以"层"的概念来组织专题信息，如居住用地层、商业用地层、河流层、道路层等，

---

① 储金龙. 城市空间形态定量分析研究[M]. 南京：东南大学出版社，2007

每一层包含一类相似空间地物的集合。叠置分析就是对各不同层之间的一种分析功能,它是地理信息系统提取空间隐含信息的手段之一。地理信息系统的叠加分析是将有关专题层组成的数据层面进行叠加分析,从而产生一个新的数据层面,其结果是新的数据层综合了原来两个或更多层的属性信息,即叠置分析不仅是对空间关系的操作,同时它也对属性信息进行操作。本次研究在分析城市居住空间与其他空间的关系时,运用的就是这种叠置分析的方法。

(2) 缓冲区分析

缓冲区分析是根据数据库的点、线、面实体,自动建立其周围一定宽度范围内的缓冲区多边形实体,从而实现空间数据在水平方向得以扩展的信息分析方法。缓冲区是 GIS 重要的空间分析功能之一。本次研究在城市自然和历史空间的分析对城市居住空间的影响方面,运用了缓冲区的计算分析方法。

(3) 空间计算

在多维的空间层面上对不同类型的空间面积和变化规模进行计算与比较也是 GIS 空间分析功能中常用的一种,不同的计算模式可以得出不同层面、不同性质的数据,并可以对其进行分析比较,得出直观和理性的分析图表,帮助得出科学的分析结论。本次研究在居住用地扩展的方向、增长差异性的空间分布上多次运用了 ArcGIS 空间计算功能。

(4) 基于 GIS 的城市居住空间分析方法技术框架图(图 5-2)

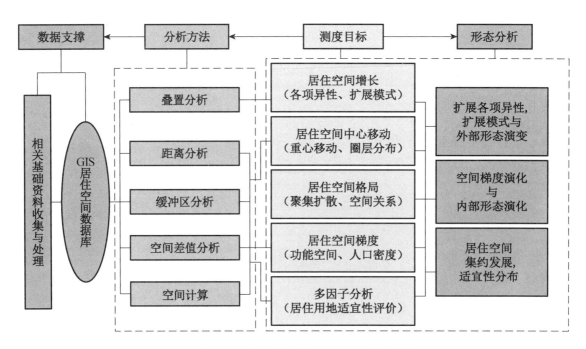

图 5-2　基于 GIS 的城市居住空间分析方法技术框架图

图 5-3、图 5-4 分别为距离分析工作图与空间计算工作图。

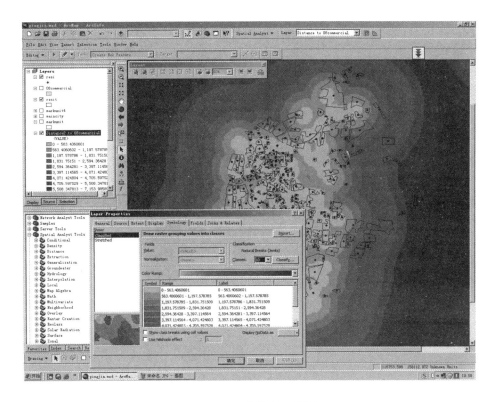

图 5-3　距离分析工作图

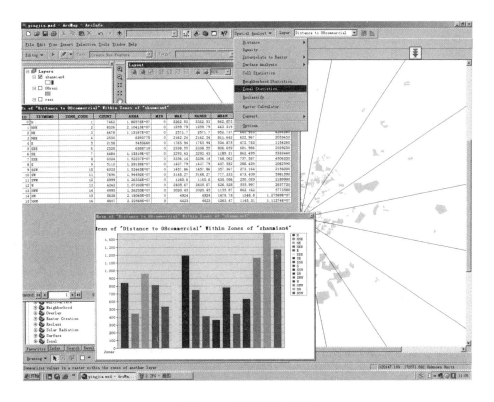

图 5-4　空间计算工作图

5.2.3 基于 GIS 的多因子评价系统

土地适宜性评价是指通过对土地的水文、地理、地形、地质、生物、人文等特征的综合评价来确定其对某种用途的适宜度[①]。目前,土地适宜性评价已被广泛应用于农业区划、土地利用规划、城市规划等多个方面的研究领域。居住用地适宜性评价主要运用的是多因子评价方法,这种方法应用了模糊集理论进行决策制定,其目的是在具有多个因子的模糊决策环境中,给另一个相关的对象提供一种综合的评价[②]。

居住空间适宜性的多因子评价方法的技术要点在于以 GIS 居住用地空间数据库和 ArcGIS 9.3 软件平台为技术支撑,以现状多因子的数据采集和量化分析为基础,实现对居住用地的综合性评价。技术路线如下(图 5-5):

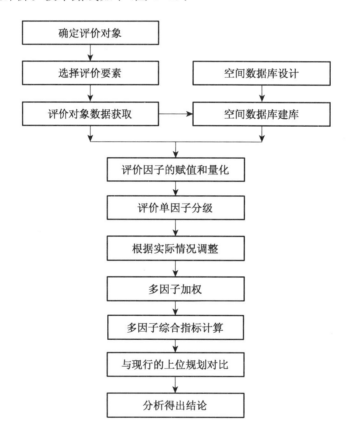

图 5-5 基于 GIS 的多因子评价系统的技术路线

其中关键步骤包括:
① 空间单元和评价因子的确定;
② 评价因子的量化赋值和分级;

---

① 黄光宇,陈勇.生态城市理论与规划设计方法[M].北京:科学出版社,2002
② 孙建勋,陈绵云,张曙红.用模糊方法挖掘量化关联规则[J].计算机工程与应用,2003(18)

③ 根据评价目标选择最适宜的权重方案；

④ 完成各单元的综合性定量评价，同时结合开发现状、自然条件、地区发展战略等因素，进行人工修正。

5.2.4 评价单因子选取及其依据

多因子评价体系的建立工作中，单因子的筛选是基础工作。由于居住用地与人的日常生活息息相关，所以评价因子的筛选是由人文关怀视角出发，从宜居性角度考虑，并适当从经济性、社会性等其他方面加以制约。本次研究试图从物质与非物质两个方面寻找与城市居住空间适宜性相关的因素，将其一一列举分析，最后再根据其重要性的先后顺序以及基础资料的制约，从中选取参评的因子。

（1）居住形态演化中受物质空间形态影响的因素

① 自然空间要素

自然山水格局对居住空间的限定有着重要影响，很多古代城市随着山水形态自然形成有机的形态，可见自然山水空间对住宅选址的重要性。优良的城市居住用地也应当是临近这些自然山水的。但是在当代城市，自然山水是所有市民共享的城市空间，不能紧邻其建设大量高层住宅，以免造成对城市公共空间的侵占。因此，考虑自然山水因素，不但要从临近可达角度分析，也要留出适当的缓冲区，把城市公共空间留给市民共享。本次研究考虑自然景区 300 m 范围内为缓冲区域，不适宜做居住用地，而 300 m 外的区域，则越临近景区越适宜做居住用地，给予的评价分值也就越高。

② 文化历史要素

城市历史文化资源是体现城市风貌特色的重要因素，市民大都乐于在其附近生活居住，以感受城市独特的风貌。但历史保护区受到国家文物保护法、历史文化名城保护规划等许多政策法规的保护和约束，其周围用地类型、建筑高度、开发密度乃至建筑风貌都做了强制性的要求。因此，本着利用和保护历史文化资源的双重原则，对于这项单因子的评价方法也参考自然山水评价方式：历史保护区周围 300 m 不适宜大规模、高强度开发居住用地，在 300 m 以外的区域，则是越临近城市历史资源越适宜集约型开发城市居住空间。

③ 公共交往空间

城市公共空间是市民交往和休憩的场所，杨·盖尔认为，居住区及其周边的公共空间吸引了人们到其中散步、小憩、驻足、游戏，从而促成人们的社会交往。临近充满活力的高质量城市开放空间，也被视为居住用地选址的重要因素之一。因此，对于公共空间因子的分析也从"临近和利用"角度分析，越接近高质量开放空间的用地，越适合作为城市居住空间。

（2）居住形态演化中受非物质空间形态影响的因素

城市经济学认为，城市空间是社会经济空间物化的产物。社会经济指标这些非物质要素也对城市空间的分配和利用模式有着重要的影响。

① 土地价格要素

资本总是向着最大效益流动，城市中高地价的地块通常会被集约化使用，以期得到最大的经济效益，城市居住用地的利用和开发也不例外，不能脱离土地价格空谈土地的利用模式和开发强度。因此,土地价格因素也被选为居住用地适宜性评价的参评因子之一,价格越高的地块,越适合集约化开发居住空间。

② 交通要素

城市居住用地对交通可达性有着很高的要求,减少通勤时间,在一定空间范围内达到职住平衡也是当代城市规划追求的目标之一。交通因素可以分为多个二级因子,包括城市道路因子、地铁站点因子、对外交通因子,其中跟居住用地关系紧密的是前两项,将这些二级因子叠置分析,可以得出城市居住用地的交通可达性分布,交通可达性越好的居住用地越适合集约化开发。

③ 基础配套设施

老城和主城区内基础配套设施相对较为优良,比较均质化,因此该项因子在都市发展区和市域范围内的评价有着更加重要的意义,同时对这些区域内居住用地的远期开发有指导作用,基础配套设施优良的居住用地在未来的集约性开发潜力相对较大。

④ 社会要素

人口分异趋势:我国加速城市化进程中,非正式迁移的农村人口已经成为城市常住人口的重要组成部分,并具有长期定居倾向。我国的二元社会经济结构依然存在,转型阶段的制度安排导致了对非正式迁移的农村人口的社会排斥,并导致非正式迁移的农村人口边缘化,成为弱势群体。社会排斥通过住房表现出来:与市民相比,非正式迁移的农村人口住宅的数量少,质量差,存在空间隔离和社会分异。我们在研究过程中,力求平等对待非正式迁移的农村人口,将其融入市民社会。

人口密度:人口密度对居住空间的质量有着重要影响,适当的人口密度能够保证良好的居住、卫生及经济条件。过多或者过少的人口密度都不能支撑高质量的城市居住空间,在研究体系中,力求找到一个合适的量,将它整合到城市居住空间的适宜性评价体系当中。

社区精神:社区是社会的基层组织,是城市的缩影。社区精神是城市文明程度的体现,它以其特殊的功能对社区成员的人格精神、社区的整体风貌产生潜移默化的影响。因此,社区精神与其居民的素质及其精神层面的生活质量都有着密切的关系。

城市活力:简·雅各布斯认为城市的活力来源于多样性,城市规划的目的在于催生和协调多种功用来满足不同人的多样而复杂的需求。研究中对那些远离城市真实生活的正统的城市规划理论、乌托邦的城市模式和机械的、单一功能导向的城市改造工程提出质疑。要营造城市的活力,必须体验真实的城市生活,理解城市中复杂多样的过程和联系,谨慎而精心地,非粗鲁而简单地进行城市的改造和建设。

5.2.5 多因子评价体系的架构

(1) 多因子评价体系框架

根据上面的分析,本次研究选取城市主城范围内的居住用地作为研究对象,以城市居住用地的集约开发适宜性作为评价目标,选取城市自然历史要素、交通可达性要素、商业空间要素、开放空间要素、土地价格因素以及文体设施因素。其中交通可达性要素又可分为公交、地铁、道路等多个二级因子。

(2) 单因子的量化分级

由于评价单元每个因子的单位并不统一,处理数据过程中运用了统计学中定量因子标准化方法——线性插值法,将不同的数量级、不同单位的数据统一为(-1,1)之间的数值,所得结果的分布仍与原始数值相同。公式如下(此处 Y_0 为全部样本均值,Y 为实际值,Y_{max} 和 Y_{min} 分别表示样本最大值和最小值):

$$Y_1 = (Y - Y_0)/(Y_{max} - Y_{min})$$

由于数据中可能存在相关性(如地价和交通可达性可能存在强相关),为了提高分析的客观性,运用了 SPSS 数据库主成分分析,压缩数据维度,排除数据之间相关性对分析结果的影响。最后将处理后的数据进行分级,按数据区间将居住空间的适宜性划分为优、良、一般、较差四个层面,分别赋值 1、2、3、4。分类方法采用数据自然断裂分级法(natural breaks),可以通过 ArcGIS 软件实现,具体公式如下:

$$SSD_{i,\cdots,j} = \sum_{k=i}^{j}(A[k] - mean_{i,\cdots,j})^2$$

(3) 权重的确定(加权量化特菲尔法打分)

每个因子加权的方法采用特菲尔法[①],这种方法主要是运用了模糊数学理论,模糊数学是研究和处理具有"模糊性"现象的工具。综合评判是指对受多种因素影响的事物或现象进行总的评价,若这种评价过程涉及模糊问题,便是模糊综合评判[②]。

5.3 城市形态的空间分析要素

5.3.1 "空间密度"——居住空间形态三维控制的重要指标

居住空间密度这一概念,并非单纯指单位居住用地上的居住空间。此概念是在满足基础设施配套齐全,符合人的行为心理,适应于城市空间的整体形象的基础上,通过在用地和空间高度同时具有一定的数量级,来形容单位居住用地使用效率的评价指标。维持一定的空间密度,目的在于在强调城市精神强大的磁体功能基础上,保证一定的城市活力,乃至居住区的空间活性。同时,强调居住空间密度,而非居住容积率,有利于在容积率一定的基础上,控制居住形态在纵向维度上盲目增长而破坏原有城市自然、历史、景观空间形态[③④]。

是否维持、降低或者提高某些适建用地的居住空间密度,需要建立一个以多重因子为评价体系的标准。此评价标准,用以评价各城市用地对于居住功能的适建程度。适建程度越高的地块,越有可能在建造时拥有更高的居住空间密度。

---

① 特菲尔法即专家打分法
② 韩利,梅强,陆玉梅. AHP-模糊综合评价方法的分析与研究[J]. 中国安全科学学报,2004,14(7)
③ 杜春宇. 密度的研究——南京老城住宅区人口密度与环境状况关系分析[J]. 华中建筑,2004(6)
④ 高蓉,杨昌鸣. 城市高密度地区公共空间的人性化整治[J]. 中外建筑,2003(3)

在土地资源不可再生、城市用地有限、城市人口不断增加、城市化的事态不可遏止的前提下,对城市主城范围内的居住用地进行集约型使用,增强适宜地段的使用效率,不失为一种具有可持续发展观的人文观点和建议。

5.3.2 "固结界线"——空间形态演化的限定要素

在1960年Conzen提出的"固结界线"(Fixation Line)和"边缘地带"(Fringe Belt)的概念中,认为对于传统城市物质空间演化阶段的划分往往过于主观武断,并不符合城市发展的客观过程。他的研究方法是判识"固结界线"作为城市物质空间发展的障碍,尽管城市物质空间的发展可能会在一段时间内受控于各个控制因素,但最终会克服这些障碍,形成新的边缘地带,直到遇到新的固结界线,从而形成城市物质空间的分布模式。

这和南京城市空间形态及其塑造控制研究报告[①]中提出的"孔洞"概念有类似之处。这一概念把城市表皮形态分为两种基本状态:城市基本肌理和城市肌理的孔洞。所谓肌理的孔洞是指和城市基本肌理的形态不一致的区域,由于其物态组织规律和肌理的组织规律不一致,两个区域之间产生了明显的边界。

城市形态中常见的"固结界线"有以下几个方面:
① 自然景观范围边界;
② 城市公共空间节点,或者纪念性要素;
③ 大型公共建筑;
④ 大型封闭机关、单位,其中包括文教用地和卫生用地;
⑤ 大型封闭居住区。

5.3.3 从空间形态各个层面建立分析体系

本节从城市区域发展架构(架)、城市空间轴线(轴)、城市中心地带(核)对居住形态的影响、城市居住群组(群)作为城市形态的基数和居住区界面(皮)对城市形态的影响五个层次建立物质空间形态层面的分析框架,对城市居住形态的演化和发展规律进行分析,在对南京中观街区层面居住空间演化进行深入分析时将进一步运用该框架进行解释。

作为一种剖析方法,运用"轴"(Axis)、"核"(Core)、"群"(Group)、"架"(Frame)、"皮"(Definement)的分析框架能够科学描述和反映城市物质空间的基本组织形态及其发展规律。"轴"是指能够对建筑群和城市发挥导向作用的具有方向、方位和目标的发展向量,作为一种系统的设计,它源于"核"并作用于"轴";"核"是指城市和建筑群组合中最活跃和人类活动能量的集聚及辐射中心,是城市形象具有标志性的地段;"群"是指城市建筑群体构成的基质,是形成城市肌理的基础要素;"架"是指沟通群组单元关系和分割单元体的一种网络组织,是城市的支撑性结构;"皮"则是指建筑群体的界面,与人的感知和体验密切相关[②]。

---

① 南京大学建筑学院,南京市规划局城市空间形态及其塑造控制研究小组.南京城市空间形态及其塑造控制研究报告[R],2007
② 齐康.城市建筑[M].南京:东南大学出版社,2001

(1) 城市区域发展架构(架)的建立对居住形态的影响

城市区域发展架构(架)对于城市形态的影响是决定性的，因此对于从属并制约着城市形态的城市居住形态的影响也是决定性的。对于城市居住空间形态的研究，不仅要研究居住空间本身，更重要的是要从居住空间与城市格局的关系入手进行，才能全面把握居住空间形态的演化和发展。

城市区域发展架构是城市居住形态发展实现的途径，可以用来沟通居住群组单元之间的关系。它既起着联系的作用，同时又起着分割居住单元体的作用。作为城市的支撑体，发展架构的延伸与发展轴的共同作用指引着居住空间延伸的方向。下文对南京居住空间形态进行具体分析。

(2) 城市空间轴线(轴)对居住形态的影响

作为一种基准，城市空间轴线具有生长性和统一性特征，而作为一种线性要素，空间轴线则具有连续性和开放性特征[①]。轴可以用来组织体系庞大、复杂的群体，因而在城市这个复杂巨构物中轴的作用至关重要。轴线的连续性不足不仅会破坏其形式与秩序感，更会削弱或失去轴的引导作用。

在新城中，城市空间发展轴决定了城市的发展方向，也决定了居住形态的生长方向。在老城中，不同性质的空间轴线对居住空间形态的集聚或疏散效应明显。因此，空间轴线的方位和特性决定了总体居住形态在空间上的基本分布特征。

(3) 城市核心区(核)的辐射作用对居住形态的影响

城市核心区(核)在形态和功能上都表现出调节和控制中枢作用，具有空间形态上的中心特性和功能构成上的主导特性。核的发展是自律与他律综合作用的复杂结果，核的"磁性场"使其成为内向集聚、外向发散的中心，对周边地区的辐射作用十分强大。

城市核心区对居住形态的影响主要表现在，在城市的工业化进程中，由于市场经济和级差地租的经济杠杆作用，在不受人为干预的情况下，居住用地从核心区的析出是自然选择的必然结果。

(4) 城市居住群组(群)作为城市形态的基数

城市中大量的群组是居住建筑，群是对群落、共生关系的一种表达。人类的社会属性决定了群组的必然性和不可替代性。群具有构成性、自相似性和动态性：群的构成性决定群是能够进行再次划分的复合层次；群的自相似性使其在不同规模层次中可能具有相似的构成特征，从而具备了自组织性；群的动态性使其与城市的发展与演化经历同步变迁的过程[②]。

群组形成了城市形态的基本肌理，是城市的基质。城市居住群组构成城市最基本的基质。作为城市中最大量的居住建筑，其空间形态对城市形态产生重要影响，居住群组应与其相应的城市空间形态适配。由于群的自相似性，因此在居住空间内部仍然可以运用轴、群、核、架、皮的分析方法对其展开剖析，这构成下文对南京中观层面居住空间形态分析的理论和方法基础。

(5) 城市居住区界面(皮)对城市形态的影响

作为界定空间的一种领域性设置，城市中的界面影响着人们对城市的认知，形成城市

[①②] 齐康. 城市建筑[M]. 南京：东南大学出版社，2001

生活,构成城市印象。界面具有实用功能、认知功能和审美功能,虽然表现为显性形态的存在,本质上却反映了社会、经济、技术等深层隐性因素的合力作用[①]。

城市中居住建筑占绝大多数,故其界面对城市风貌的影响比较显著。居住建筑自身具有的相对均质性特征使其界面往往以较有秩序和韵律的方式呈现。作为城市格局的基质空间,居住区的界面不宜过分强调可识别性和多样性,而宜强调连续性和整体性,以整体的力量去形成和塑造城市空间。

5.4 本章小结

通过 GIS 空间数据库的建立,在处理初始数据和图纸的基础上,可以有效地对现有南京居住形态的基础数据资料进行进一步整合,并运用多种分析方法从平面形态、空间形态、量化图标进行图面化的直观分析和量化的客观分析。

从空间密度、固结界限,空间各层面要素等方向入手,进行进一步的宏观、中观、微观的居住形态分析,通过历年居住形态图面和数据的变化比较得出结论,是定量分析南京居住形态演化发展较为有效的方法。

---

① 齐康.城市建筑[M].南京:东南大学出版社,2001

第6章 宏观城市层面的南京城市居住形态演化

本章针对南京城市居住空间,从纵向和横向两个方面分别展开研究。横向尺度层面从市域—都市区—主城区—老城范围逐层进行分析,纵向时间层面回顾了自民国以来南京城市居住形态的发展,最后对主城范围内的城市居住用地适宜性进行了量化评价,初步建立针对城市居住用地适宜性的动态评价体系。

6.1 南京城市居住形态演化的总体特征

南京是我国四大古都之一,也是区域性的中心城市。在地理条件上,它地处长江中下游平原,属于北亚热带季风气候区,四季分明。城市西北部毗邻长江,北部为狮子山—幕府山—紫金山,南部为聚宝山—牛首山,自然山水环境优越,由此可见南京城市整体格局较为顺应自然地形。随着城市进程的演进和社会历史因素的推动,南京居住空间形态也呈现出相应的阶段性特征。

春秋战国时期南京即已确立山水城市格局,至六朝—隋唐—宋元年间,城市性质由地方城市转变为都城,城市规模得到扩大,格局得到完善,城市秦淮文化兴起。及至明清年代,城市"大山水"和城陵一体的城市空间格局,奠定了现代南京城市的基本框架[1]。此时城市发展基本集中在鼓楼岗以南地区,居住空间位于整个城市发展区的西部(图6-1a)。

1927年民国政府定都南京后,于1928年成立首都建设委员会,制定《首都计划》,提出从修路入手改造南京城,并按照西方模式对城市实行功能分区。中山大道的修建使沿中山北路一线成为城市发展新的增长点,带动了城市北部发展,新的街道系统使南京城市格局和市容市貌开始发生剧变。以明代居住格局为基础,民国时期的居住空间向城市北部、西部渗透,尤其在今天的山西路一带形成了新的居住聚居区(图6-1b)。此后直到20世纪50年代,城市建设的重心一直集中在鼓楼以南和中山北路沿线地区,明城墙内北部鼓楼岗、东部明故宫及后宰门地区还留有大片未开发建设的空地。

由于当时的城市发展局限于明城墙范围内的南部地区和中山北路一线,同时其建筑性质本身决定了居住建筑是随城市发展不断更替的过程,因此年代久远的住宅基本已不复存在,目前城区存在并仍在使用的传统住宅主要集中分布在清末民初遗留的城南地区和民国时期遗留的颐和路地段,形成城市空间形态中的"固结界限"。这些传统居住建筑的低层高

---

[1] 东南大学建筑学院,东南大学—联合国教科文组织GIS中心.南京历史文化名城保护[Z],2007

密度形态特征及街巷尺度与当时的经济技术水平和交通运输方式相适应;而出于安全防卫等因素的考量,就当时所能达到的技术水平而言居住建筑的布局相对集约。

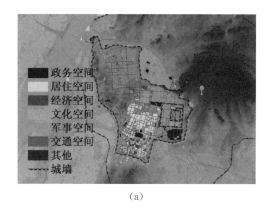
(a)

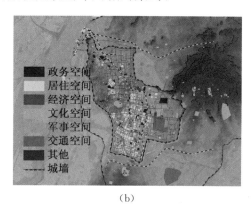
(b)

图 6-1 明朝与民国时期城市用地分布比较

来源:南京市规划局,南京大学文化与自然遗产研究所,南京市城市规划编制研究中心. 南京城市空间的历史演变及其文化内涵研究[Z],2007

6.1.1 1949—1978 年:老城内的"填平补齐"

20 世纪 50 年代后至改革开放初期,南京城市建设主要集中在明城墙内老城的"填平补齐"(图 6-2)。中华人民共和国成立初期,为恢复国力,国家严格限制大城市的规模,并长期贯彻"从消费性城市转变为生产性城市"的指导方针,住宅建设让位于工业建设,城市居民住房问题比较突出。"文革"期间,住宅建设滞后,而 20 世纪 70 年代末期大量"文革"期间的知青及下放户返宁,使得业已十分严峻的住房短缺矛盾进一步加剧。据统计,当时南京约有 10 万缺房户[①],全国城市范围内的人均居住面积从新中国成立前的 4.5 m² 下降到 1978 年的 3.82 m²[②]。在多年来以工业用地为主体、其他职能空间按照计划土地划拨形成辅助配套的思路引导下,城市职能空间的区位分布、用地比例和结构配置合理性缺失。

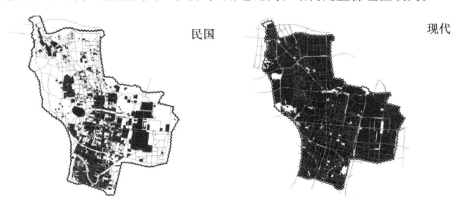

图 6-2 老城用地扩展墨迹图

来源:南京市规划局,南京大学文化与自然遗产研究所,南京市城市规划编制研究中心. 南京城市空间的历史演变及其文化内涵研究,2007

---

① 中共南京市委宣传部,南京市规划局. 让我们的城市更美——从规划看城市变化展览[Z],2003
② 陈昌勇. 广州居住空间紧凑化策略研究[D]. 广州:华南理工大学,2007

当时为解决这一大批缺房户的居住问题,政府出资建设了一批标准较低的"临时住房",同时一些有条件的企事业单位、学校和机关也开始在单位的空地上插建职工住宅。由于城市职能划分由国家宏观规划,通过多年土地无偿划拨政策的实施,用地结构和强度不合理、城市空间混乱成为这一时期的主要问题。

在传统计划经济体制下,政府和单位主导的发展模式在当时的特定时期作出了巨大历史贡献,这一时期的居住空间分布多表现为"职住接近型""单位住宅大院"布局模式[①],其影响一直持续到今天。由于缺乏市场经济作用下土地级差地租的调配,土地利用的差异性特征不明显,这段时期的居住空间分布无序,空间密度均质,土地利用浪费。通过一段时期的发展,老城内留下的空地被逐渐填满,以明城墙为边界,城内形成满铺状态。

这时的住宅形态多为"方盒子"状的单体,以行列式排列形成小区,外部以围墙划定与城市空间的分隔,房屋日照间距系数按照 0.8~0.9,冬至日前后三四层以下的住户都没有阳光,每户住宅平均建筑面积 50 m² 左右,居室、厨房、厕所等各个功能房间都按照最小可用原则配置。

6.1.2　1978—1990 年:从"填平补齐"到老城改造

改革开放后,明城墙内的空地被各种城市职能用地"填平补齐"后,为继续缓解城市人口居住问题,政府开始实施老城改造。当时的经济条件决定了必须按照多、快、省的原则用尽量少的国家投资建设尽量多的住房,以为最多人提供住房。此时,根据"住宅建设按照改造旧城和开发新区相结合,以旧城改造为主"的方针,老城区内进行了大量住宅建设,并采用"拆一建多"的方式实施粗线条的旧城改造。

1981 年,南京市政府制定了"新区开发与旧城改造相结合、以旧城改造为主"的城市建设方针,强调"统一规划,综合开发"。先后改造建成了瑞金新村、后宰门、南湖小区等一批住宅小区,积淀几十年的"住房难"矛盾得以逐步缓解。1978 年建成的瑞金新村可居住 2 152 户 7 500 人,是南京老城区第一个新型居民住宅区。按照 1979 年南京市规划局编制的"后宰门居住区规划"实施的后宰门居住区可居住 6 600 户 2 万余人,成为南京市第一个按小区规划理念规划和建设的居住区(图 6-3)。按照 1982 年南湖新村规划实施的南湖新村是当时全省规模最大、配套齐全的新型小区,可居住 9 322 户 3.3 万余人[②]。住宅的舒适度开始纳入考虑范围。

从这一阶段开始,城市建设逐渐突破城墙限制,向老城外围蔓延。1983 年国务院批准的《南京城市总体规划》提出以圈层式城镇群体的布局构架进行规划建设,大厂、板桥等发展为功能较单一的外围工业城镇。居住用地方面,提出以"九大门"外新市区为据点,分布一批居住职能用地,包括水西门外、汉中门外、中山门外、太平门外等。1987 年,南京市政府批准的城市分区规划又进一步将河西的中保、莫愁地区纳入城市居住发展备用地。

---

① 聂兰生,邹颖,舒平. 21 世纪中国大城市居住形态解析[M]. 天津:天津大学出版社,2004
② 中共南京市委宣传部,南京市规划局. 让我们的城市更美——从规划看城市变化展览[Z],2003

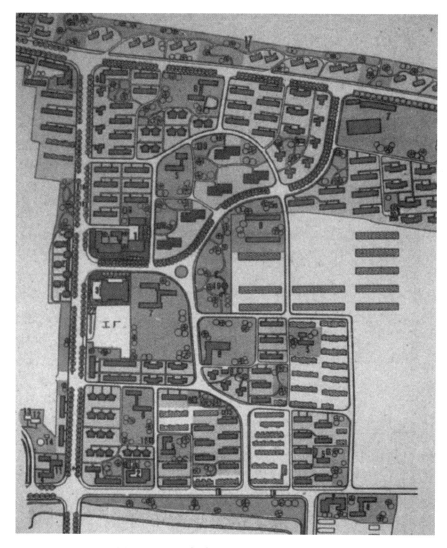

图 6-3　1979 年代后宰门居住小区规划图
来源：中共南京市委宣传部，南京市规划局.让我们的城市更美——从规划看城市变化展览[Z]，2003

6.1.3　1990 年至今：社会变革和经济杠杆作用下的居住空间重组

1988 年，为适应经济体制改革需要，国家在宪法中增加了"土地使用权可以依照法律的规定出让"的条文；1990 年，国务院颁布《中华人民共和国城镇国有土地使用权出让和转让暂行条例》，以立法形式对城市土地的转让和使用进行了更加严格的规范[①]。此时，城市居住用地开始从无偿划拨向有偿使用制度转型，供住宅建设的土地通过协议出让、招标出让和拍卖出让等形式获得，城市居住空间的开发和建设逐步向符合市场机制的运作规律回归。

---

① 聂兰生，邹颖，舒平.21 世纪中国大城市居住形态解析[M].天津：天津大学出版社，2004

(1) 老城居住空间的调整、优化和重组

1990年后，尤其进入21世纪以来，伴随着社会经济的迅猛发展，在级差地租的作用下，南京城市土地按照比较利益原则不断寻求最佳效益用途的平衡。低效益地块的工业仓储用地在"退二进三"的过程中逐渐被功能置换出老城，城市中心职能的加强引发居住空间职能向服务业职能的转向，老城内的居住空间布局呈现去中心化趋势，各居住空间的整合度得到加强，总体容积率上升。

随着人们对自然生态资源和历史文化资源的日益重视，且受老城内可拆迁和建设用地逐年减少的客观因素制约，保护老城、建设新区的思想得到广泛认可。自2002年开始，南京城市以"老城做减法"的思路推进老城综合环境整治，"留出空间"以改善城市环境，更好地呈现城市自然和历史文化风貌。如鼓楼—北极阁地段与大行宫广场地段从城市整体格局出发，不惜以拆除原有地块的大量居住建筑为代价建设公共空间，优化功能布局，提升人居环境，老城内的城市和居住空间建设进入了一个"质"和"量"兼顾、科学合理地集约化利用有限用地资源的新的良性历史发展阶段。

(2) 新城居住空间的规划和培育

1995年国务院批准的《南京市城市总体规划(1991—2010)》正式提出以绕城公路内243 km²的用地作为南京主城范围，主城概念的确立重新定义了南京城市的发展空间，引导了城市建设(图6-4)。从河西新区规划概念的最初提出到最终成为城市发展战略，南京城市的发展重心真正跳出了老城，走向了主城新区。2001年前后，都市圈内的城镇发展大大加快，主城与外围城镇之间建设用地比例由1990年代的2∶1变化为接近1∶1，都市圈城镇得到培育[1]。从41 km²的老城到243 km²的主城再到2 947 km²的都市发展区，南京城市格局和居住空间不断得到新的拓展，新城大量居住空间的建设大大缓解了老城的压力。

(3) 商品化政策下居住空间的多元化繁荣发展

自1998年住房分配制度改革始，商品房登上历史舞台，住房市场开始向多元化趋势发展。从开发商到购房者都越来越关注居住环境建设，多个居住小区的规划设计开始采用方案征集方式。获建设部住宅小区金奖的樱驼花园即采用方案竞标方式进行规划设计，可居住1 695户5 500人，基本达到了"面积不大功能全、标准不高水平高、造价不高质量高、占地不多环境美"的设计理念传达的良好效果。

市场化的运作给住宅市场带来繁荣多元的同时，限于批地政策和当时开发公司的实力，有些住宅区的开发存在规模过小的问题。1990年代后半段开始，政府对部分已开发地块进行了规划整合。1997年南京市政府对月牙湖地区的居住小区进行了统一规划和整合完善，逐步形成环境优美、功能合理、建筑与自然山水相融的高尚住宅区，获"全国小康住宅示范小区"金牌。针对城区内20世纪90年代以前建成的大量居住区，政府组织相应的"小区整治出新"工程对其进行改造，如立面出新、屋顶"平改坡"、增加绿地景观等。与此同时，一批注重环境、造型、设施配套的较高标准住宅区开始规划建设，住宅市场随之分化。住宅内部空间户型也由20世纪80至90年代满足生存需要的标准两室一厅发展到以舒适度为导向的多元化类型(表6-1)。

---

[1] 中共南京市委宣传部，南京市规划局. 让我们的城市更美——从规划看城市变化展览[Z]，2003

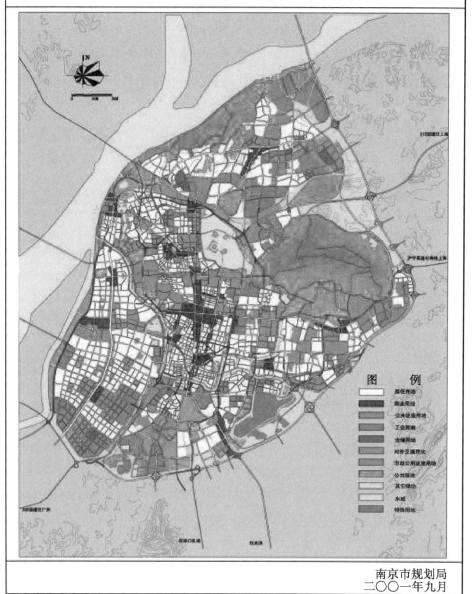

图 6-4 南京市主城土地利用规划引导图

来源：南京市规划局，2001

表 6-1　南京市历次总体规划对居住发展提出的目标

总体规划轮次	当时人均居住建筑面积(m^2)	规划人均居住建筑面积(m^2)	规划目标
1983年南京市城市总体规划(1980—2000年)	9.38(1983年)	18.60(2000年)	住宅建设坚持呈街坊分片配套建设,新区的居住用地按独立居住小区进行规划
1995年南京市城市总体规划(1991—2010年)	13.46(1995年)	22.40(2010年)	改善居民居住条件和生活环境,提高居住水平和设施配套水平,实现每户有一套住宅
2001年南京市城市总体规划调整(1991—2010年)	19.78(2001年)	26.00(2010年)	建设最适宜居住的城市,改善居民居住条件和生活环境,提高居住水平和设施配套水平,基本实现每户有一套住宅

来源:中共南京市委宣传部,南京市规划局.让我们的城市更美——从规划看城市变化展览[2],2003

近年来,南京的住区组织模式由原有的"居住区—居住小区—居住组团"三级住区组织模式转变为居住社区—基层社区两级体系。其中居住社区以约 400~500 m 为服务半径,保证居民步行 7~8 min、骑自行车 4 min 左右可达社区服务中心。基层社区以约 200~250 m 为服务半径,保证居民步行 3~4 min 即可得到基本服务。"社区—基层社区"的组织模式首先强调了社区公共设施配套对社区居民的日常生活提供均等的综合服务的能力。其次,倡导公共设施集中布置、复合利用,强调不同功能的公共设施集中布置形成居住社区的公共中心,加强各行政部门的合作以避免公共设施重复设置,强调公共设施的复合利用和资源共享。最后,增强了对公益性公共设施的刚性控制以保证其配套规模[①]。

（4）社会住房保障体系的建立和调适

西方国家经验表明,社会保障体系是在市场经济中解决社会公正问题的重要手段。在住宅市场多元化发展的同时,南京市政府加大政策扶持力度,大规模有序推进面向中低收入家庭的经济适用房(如春江新城、景明佳园)和中低价商品房(如仙鹤门中低价商品房)的建设,对于无力购买经济适用房的住房困难的低保家庭,设定廉租住房制度进行保障,旨在建立多层次的社会住房保障体系。

6.2　市域范围的南京城市居住用地形态演化

市域范围内的发展用地分为城镇发展用地和非城镇发展用地,非城镇发展用地包括生态保护用地和农业发展用地,不得进行城镇住宅项目开发;城镇发展用地内,都市区是南京城镇发展高度集中的区域,都市区外的城镇要按照南京城市总体规划,集中有限资源重点建设新城和重点镇,坚持集中建设原则(图6-5)。

---

① 实际操作中仍然存在政府投入不足、设施服务效率不高等各种问题。引自韩涛,管亚锋,宁天阳.中小城市 TOD 街区体系发展模式研究——基于对南京、苏州、无锡城市住区模式的研究[J].江苏城市规划,2007(6)

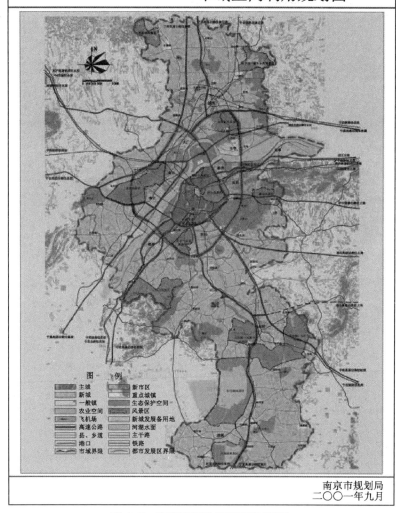

图 6-5 南京市域空间利用规划图

来源:南京市规划局,2001

分析 2001—2008 年市域居住用地分布雷达图(图 6-6～图 6-9),2001 年市域范围内居住用地南北向分布特征明确,北向居住用地面积较南向大;2004 年居住用地仍主要呈南北向分布,但南向面积较北向大,表明 2001—2004 年市域范围内城市主要向南部扩展。2008年,居住用地面积各向相对较平均,与 2004 年相比城市东西方向扩张趋势明显。从 2001—2008 年市域居住用地的分布密度看(图 6-10),2001 年,主城居住用地密度最大,形成集聚地区,其次是东山、浦口新市区、大厂、珠江、板桥五大新城区,仙西新市区及雄州、永阳、淳溪等新城区还未形成居住地云聚;2004 年,主城居住用地密度明显增大,仙西新市区迅速发展,东山与主城连为一片;2008 年,主城、东山、仙西、浦口、大厂、珠江的居住用地密度进一步增加,周边主要城镇的居住用地密度也相应增加。总之,从 2001—2008 年,南京市域范围内居住用地扩张蔓延的态势明显,人口增长也非常明显(表 6-2)。

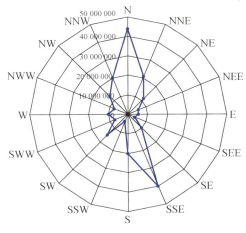
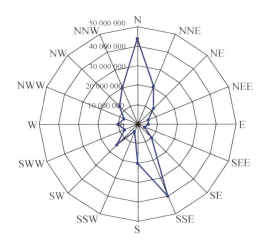

2001年市域居住用地分布雷达图　　2004年市域居住用地分布雷达图

2008年市域居住用地分布雷达图

图 6-6　2001、2004、2008 年市域居住用地分布雷达图

表 6-2　1990、2001、2004、2008 年南京市域人口统计　　　　单位：万人

县区名	1990 年	2001 年	2004 年	2008 年
下关	20.25	27.80	29.39	43.99
玄武	23.95	41.03	46.32	61.85
鼓楼	40.28	55.23	65.60	83.66
白下	24.90	32.78	46.16	60.68
建邺	19.67	24.47	18.43	44.07
秦淮	18.58	23.16	24.06	37.14
雨花台	27.10	21.34	18.89	33.44
江宁	74.76	74.65	78.31	95.15
栖霞	45.01	35.28	39.07	49.78
六合	67.63	68.13	86.02	89.91
浦口	15.42	17.56	49.00	58.74

图 6-7 2001—2008 年南京主城区居住用地功能置换地块

图 6-8 2001—2008 年南京主城区居住用地更新地块

图 6-9 2001—2008 年南京主城区居住用地增加地块

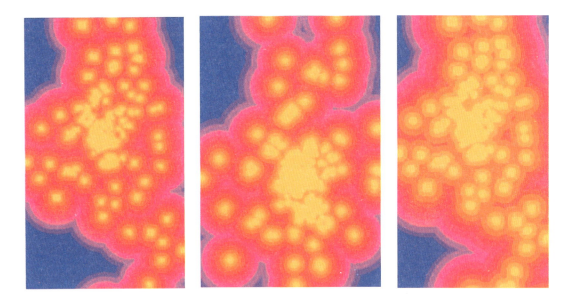

图 6-10　2001、2004、2008 年市域居住用地面积分布密度图

6.3　都市区范围南京城市居住用地形态演化

都市区是南京城镇发展的集中区域（图 6-11），分析 1990—2008 年都市区居住用地分布雷达图（图 6-12），1990 年都市区范围内的居住用地分布主要集中在北向；2001 年仍以北向为主，并向东南部扩展；2004 年主要向北向偏东扩张；2008 年各向用地分布趋于平均。比较 2008 年与 1990 年都市区居住用地分布，在都市区范围内，南京城市向南部、西部、东部扩张的态势明显，尤其向城市南部的拓展最为显著。

从栅格分布图看（图 6-13），1990 年都市区范围内的居住用地主要集中在以老城为重点的主城范围，外围在与主城间隔较远距离有零星的居住用地分布，形成"蛙跳式"发展。2001 年居住用地主要以老城为基点在主城范围内扩张，外围城镇基本未变；2004 年拓展居住用地主要集中在主城外围的东山、新尧、大厂等地；2008 年城市居住用地进一步

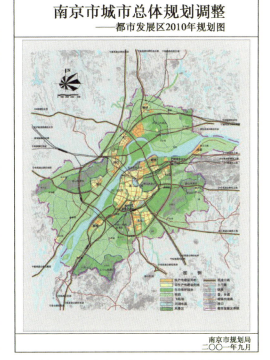

图 6-11　南京都市区空间利用规划图

来源：南京市规划局，2001

扩张,都市区内的可建用地基本已被填满。1990—2008年都市区居住用地面积变化如图6-14所示。1990—2008年都市区居住用地分布密度的变迁也反映出同样的规律(图6-15)。

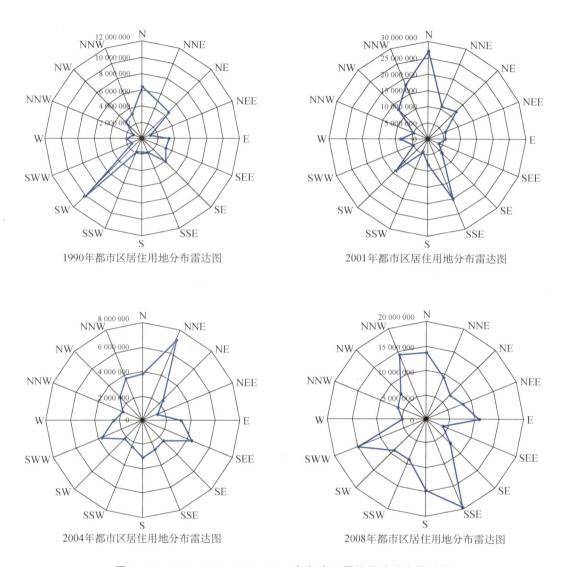

图6-12　1990、2001、2004、2008年都市区居住用地分布雷达图

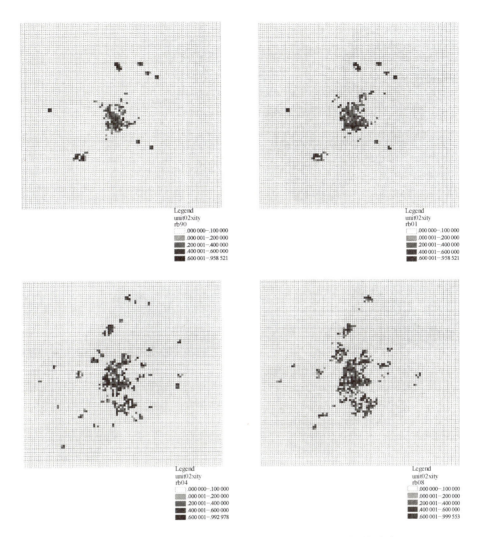

图 6-13 1990—2008 年都市区居住与建设用地比值栅格分布图

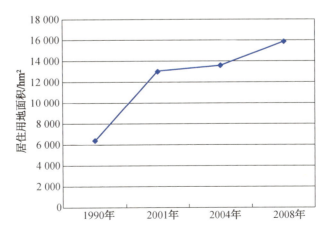

图 6-14 1990—2008 年都市区居住用地面积变化

来源：南京市规划局，2001

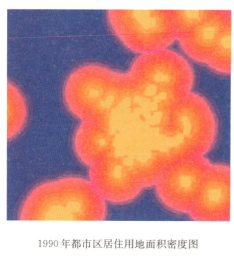
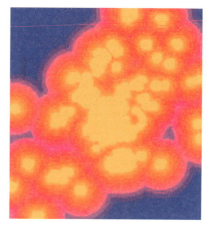

1990年都市区居住用地面积密度图　　　　　2001年都市区居住用地面积密度图

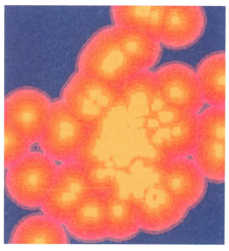
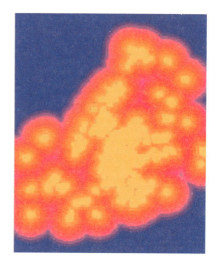

2004年都市区居住用地面积密度图　　　　　2008年都市区居住用地面积密度图

图6-15　1990—2008年都市区居住用地分布密度图

6.4 主城区范围的南京城市居住形态演化

作为都市区的核心,主城区是南京都市圈乃至更大范围的区域中心。分析1990—2008年主城区居住用地雷达图,1990年主城区范围内的居住用地主要分布在城市东北方向,2001年居住用地分布比例基本未变,2004年东北向发展趋势明显,2008年仍以东北向发展为主,西南向次之(图6-16)。

从1990—2008年主城居住用地分布扇区图看(图6-17),1990年,主城居住用地主要分布在以老城为主的范围,周边有零星分布;2001年,主城内的居住用地迅速扩展,老城基本饱和;2004和2008年居住用地进一步填满老城外主城内的范围,老城已无拓展余地。从2008年的居住用地扇区图上看,老城的居住用地肌理明显较外围片区细密,反映出老城内

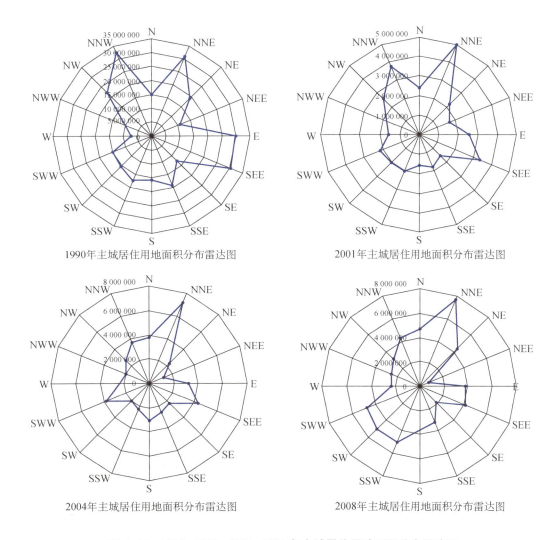

图 6-16　1990、2001、2004、2008 年主城居住用地面积分布雷达图

居住区尺度明显较外围片区要小，这是由地价差异和社会经济发展因素所决定的。1990—2008 年主城居住用地分布栅格图的变化也反映出同样规律（图 6-18）。从 2008 年主城人口分布密度及数量图上看，城市近郊地区的人口密度和数量都较大，人口向河西和东山聚集的趋势明显（图 6-19）。

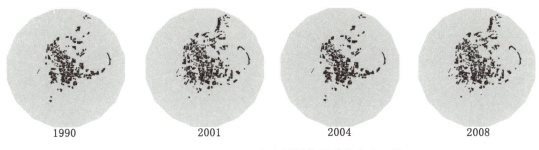

图 6-17　1990—2008 年主城居住用地分布扇区图

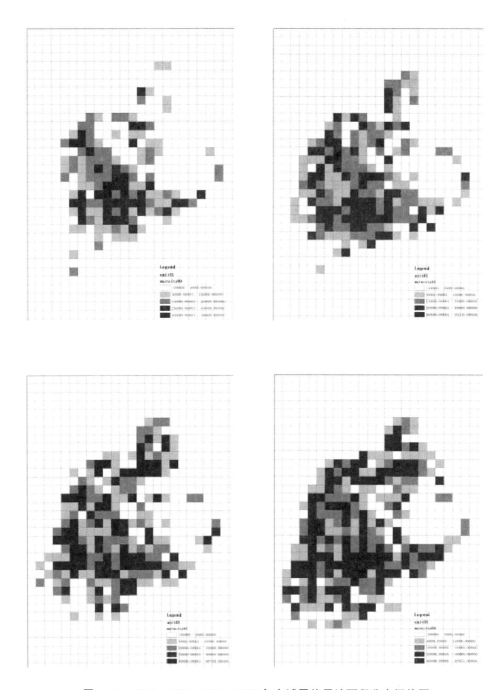

图 6-18　1990、2001、2004、2008 年主城居住用地面积分布栅格图

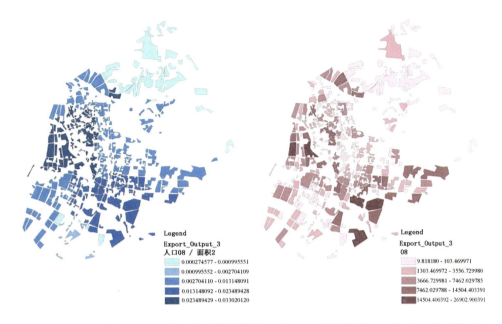

图 6-19　2008 年主城人口分布密度及数量图（左图：人口分布密度；右图：人口分布数量）

6.5 老城范围的南京城市居住形态演化

6.5.1 居住用地面积空间分布

统计各时段、各扇区用地面积分布指数并以扇区图的形式表现（图 6-20），可以直观地表示各时期各方位的用地分布变化（表 6-3）。1990 年，居住用地在老城内的分布基本呈比较均质的状态，老城的边缘地带还没有被填满；至 2001 年的 12 年间，老城边缘空间的可建用地迅速被"填平补齐"，城市中心地区的居住用地开始减少；至 2004 年，老城的边缘空间的缝隙进一步被填充，中心地区的居住用地进一步析出；至 2008 年，中心地区居住空间的去中心化趋势更加明显。

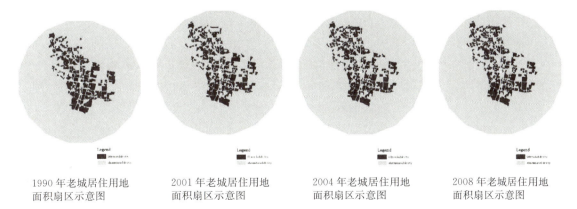

1990 年老城居住用地面积扇区示意图　　2001 年老城居住用地面积扇区示意图　　2004 年老城居住用地面积扇区示意图　　2008 年老城居住用地面积扇区示意图

图 6-20　1990—2008 年各阶段老城居住用地面积扇区图

表 6-3 1990—2008 年南京老城居住用地雷达图表　　　　　　单位:hm²

方向	1990 年	2001 年	2004 年	2008 年
N	101.10	135.03	152.73	158.39
NNE	42.80	40.23	39.28	39.28
NE	99.08	101.51	77.62	77.62
NEE	78.46	69.03	52.06	52.06
E	115.49	99.20	89.67	92.50
SEE	171.49	165.83	170.12	170.12
SE	93.67	91.66	102.24	102.24
SSE	122.64	105.49	104.23	104.23
S	130.25	116.70	116.38	116.38
SSW	113.20	139.95	139.95	144.77
SW	28.05	33.94	33.94	33.94
SWW	33.91	25.98	25.98	25.98
W	21.36	18.02	19.80	19.80
NWW	52.43	49.44	47.35	47.35
NW	153.80	153.05	169.91	169.91
NNW	245.92	252.46	254.35	254.35

将 2008 年的用地扇区图与 1990 年的相比(图 6-21),明显可看出城市居住用地向边界城墙拓展的分散化分布趋势,以及城市中心地段的去中心化趋势。这是市场机制下级差地租调控选择的自然结果。

进一步具体分析 2001 年和 2008 年的居住用地分布,2001 年,南京老城居住用地面积约为 1 545.28 hm²,占老城可建区面积的 35.93%。其中小于 1 hm² 的小型居住用地面积共 209.13 万 hm²,占总居住用地面积的 13.53%;1~2 hm² 的中型居住用地共 477.63 万 hm²,占总居住用地面积的 30.91%;2 hm² 以上的大型和超大型用地共 858.52 万 hm²,占总数的 55.56%。大型居住用地占据绝大多数。空间分布上,除重要自然历史纪念性场所和大型文化卫生、商业商务办公、企事业单位用地及部分特殊用地外,居住用地在老城中基本呈满铺之势,形成老城的基质。其中大型居住用地多分布在城市北部、东部的外围地区,城市中部和南部以中小型居住用地为主。

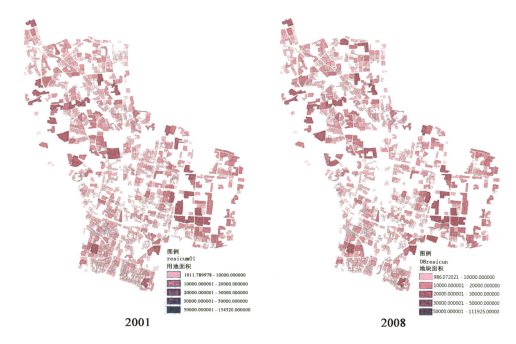

图 6-21　2001、2008 年老城居住用地面积空间分布

2008 年，南京老城居住用地面积约为 1 430.99 万 hm²，占老城面积的 36.06%，同比下降 2.88%，占可建区面积的 51.19%，同比下降 4.08%。其中小于 1 hm² 的小型居住用地面积共 254.17 万 hm²，占总居住用地面积的 17.75%；1~2 hm² 的中大型居住用地共 419.82 万 hm²，占总居住用地面积的 29.32%；2 hm² 以上的大型和超大型用地共 757.68 万 hm²，占总数的 52.92%。中型居住用地仍占多数，但总量下降，小型和大型、超大型用地总量均明显增加（图 6-22）。居住用地空间分布上，居住用地界定了老城的基本廓形，但核心地区开始呈现空心化发展趋势。

2008 年老城居住用地与 2001 年相比，用地面积总量下降 114.29 hm²，平均每年减少 16.33 万 hm²，占总量的 1.14%。搬迁的居住用地以大中型居住用地面积为主，约占居住用地置换总量的 62.57%。从空间分布上看，减少的居住用地主要集中在城市的中部和南部地区。进一步分析表明，置换的居住用地中约 80% 用于三产服务业，城市的中心职能得到加强（图 6-23）。

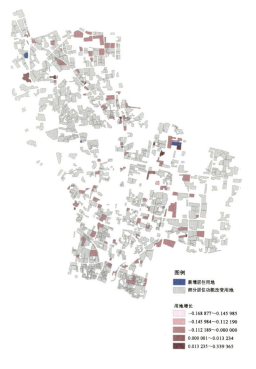

图 6-22　2001—2008 年老城居住用地负增长率

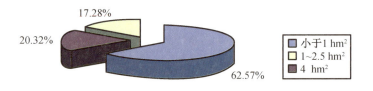

图 6-23　2008 年南京老城大、中、小型居住用地面积比例

6.5.2　居住建筑面积空间分布

2001 年,南京老城居住建筑面积约为 2 786.12 万 m²,占老城总建筑面积的53.72%。加权当年的居住用地面积数据,得到 2001 年南京老城的住宅平均容积率为1.67。其中建筑面积在 2 万 m² 以下的占58%,2 万～5 万 m² 的占28%,5 万 m² 以上的占14%。2 万 m² 以下规模的居住建筑占据主体。空间分布上,大规模居住建筑基本分布在老城外缘尤其北部、东部地区,城市中部以小规模居住建筑为主。

2008 年,南京老城居住建筑面积约为 3 081.61 万 m²,占老城总建筑面积的49.15%,同比下降 4.57%;住宅平均容积率为 1.72,同比上升 2.99%。其中建筑面积在 2 万 m² 以下的占52.00%,2 万～5 万 m² 的占31.00%,5 万 m² 以上的占17.00%(图 6-24)。2 万 m² 以下规模的居住建筑占主导。建筑面积空间分布上,主要表现为对应于居住用地更新地块的居住建筑面积呈显著上升趋势,主要分布在城市的北部、南部和东部地区(图 6-25)。

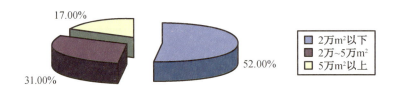

图 6-24　2008 年南京老城大、中、小型居住建筑面积比例

同时住宅平均容积率由 1.67 上升到 1.72,增加了 0.05。其中,由住宅功能置换导致建筑面积减少的居住建筑以中小规模的为主,约占总量的38.77%;由住宅更新导致建筑面积增加的居住建筑以大中规模的为主,占 62.23%。其空间分布规律分别对应于搬迁和更新的居住用地空间(图 6-26)。居住建筑面积的大小由两种因素制约:一是居住用地自身的面积,二是居住建筑所形成的空间密度。两大因素共同决定居住建筑规模。因此进一步分析可知,由住宅功能置换导致建筑面积减少的居住建筑以中低居住用地面积、高空间密度的建筑为主,由住宅更新导致建筑面积增加的居住建筑则以中高居住用地面积、低空间密度的建筑为主。

图 6-25　2001、2008 年老城居住建筑面积空间分布

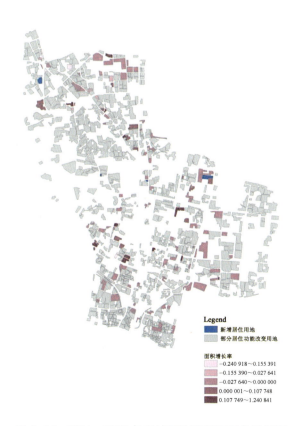

图 6-26　2001—2008 年老城居住建筑面积负增长率

6.5.3 居住建筑容积率空间分布

2001年,南京老城居住建筑平均容积率为1.67,远较老城总体建筑平均容积率低(见图6-27)。居住容积率在1以下的占总量的37%,1~2之间的占32%,2以上的占31%。三者分布比较平均。空间分布上,高容积率居住建筑主要分布在城市南部和北部地区,沿主干道分布态势明显;低容积率居住建筑的分布也以城南和城北为主,呈较大块面状分布。从容积率指标看,城市南部和北部地区的居住建筑容积率级差较大,混合程度较高。

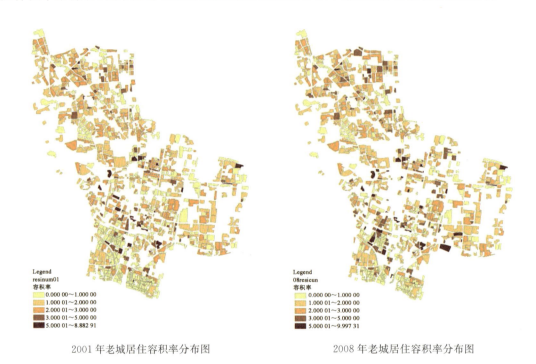

2001年老城居住容积率分布图　　2008年老城居住容积率分布图

图 6-27　2001、2008年老城居住建筑容积率空间分布

2008年,南京老城居住建筑平均容积率为1.72,同比上升3.0%。居住容积率在1以下的占总量的28.5%,1~2之间的占28.4%,2以上的占38.0%(图6-28)。高容积率的居住建筑占主导。容积率空间分布上,主要表现为对应于居住用地更新地块的居住建筑容积率呈显著上升趋势,主要分布在城市外围的北部、南部和东部地区(图6-29)。

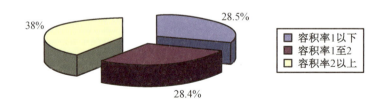

图 6-28　2008年南京老城居住建筑容积率高、中、低比例

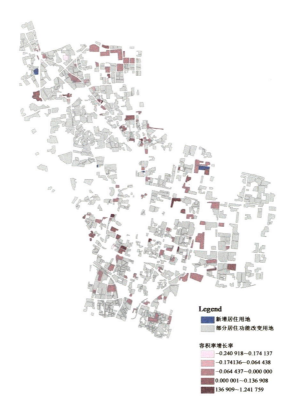

图 6-29　2001—2008 年老城居住建筑容积率增长率

2008 年老城居住容积率与 2001 年相比,由 1.67 上升到 1.72,增加了 3.0%(图 6-30),主要是由住宅更新地块原有低容积率的大幅提升引起的。因此其空间分布规律与更新的居住用地空间相对应。

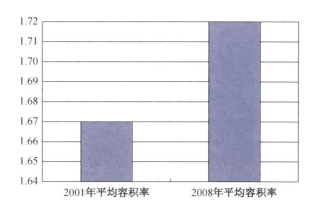

图 6-30　2001、2008 年老城居住用地平均容积率比较

6.5.4　居住建筑占地面积空间分布

2001 年,南京老城居住建筑占地面积约为 720.03 万 m^2,在总居住用地中的占地率为

46.59%。居住小区中建筑占地面积在 3 000 m² 以下的占 24%，3 000～5 000 m² 的占 25%，5 000 m² 以上的共占 51%。其中占地面积在 5 000 m² 以上的占据主体。空间分布上，占地面积绝对值大的居住区主要分布在城市北部、东部的外围地区，城市中部和南部以占地面积较小的居住区为主，在老城中的空间分布规律与居住用地面积的分布规律类似。占地率大的居住区主要分布在城市边缘地区，城市中心地带以占地率较小的居住区为主。

2008 年，南京老城居住建筑占地面积约为 606.31 万 m²，在总居住用地中的占地率为 42.36%。居住小区中建筑占地面积在 3 000 m² 以下的占 30%，3 000～5 000 m² 的占 23%，5 000 m² 以上的共占 47%。中等和较大占地面积的居住建筑比例减少，小占地面积的居住建筑明显增多。空间分布规律与 2001 年相比差异不明显，更新地块由于容积率上升占地面积呈下降趋势(图 6-31)。

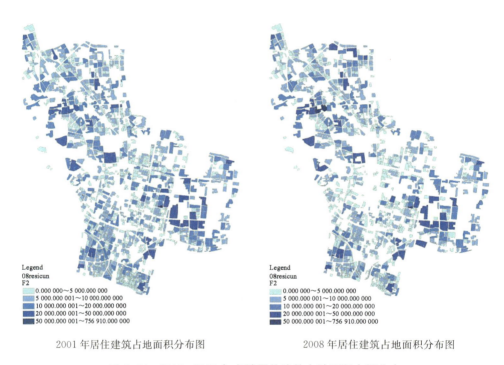

2001 年居住建筑占地面积分布图　　　　2008 年居住建筑占地面积分布图

图 6-31　2001、2008 年老城居住建筑占地面积空间分布

2008 年老城居住建筑占地面积与 2001 年相比，总量减少 113.72 万 m²，占总数的 15.8%。

6.5.5　居住建筑平均层数空间分布

2001 年，南京老城居住建筑平均层数为 3.75 层。平均层数在 1～2 层的居住区有 488 个，占 45.82%；平均层数在 3～7 层的居住区有 505 个，占 47.41%；平均层数在 8 层及以上的有 72 个，占 6.76%。可见老城中的居住建筑以多层为主(图 6-32)。空间分布上，低层建筑(1～2 层)主要分布在城市的南部，多层建筑(3～7 层)主要分布在城市北部和西部，高层建筑(8 层及以上)主要分布在城市的中心区域(图 6-33)。

图 6-32　2001、2008 年老城居住建筑平均层数空间分布

图 6-33　2001 年老城居住建筑平均层数三维空间分布

2008 年,南京老城居住建筑平均层数为 4.70 层,与 2001 年相比变化不大,这是由于 2001—2008 年间居住建筑更新所占总比例不大造成的。平均层数在 1~2 层的居住区有 292 个,占 30.73%;平均层数在 3~7 层的居住区有 521 个,占 54.84%;平均层数在 8 层及以上的有 137 个,占 14.42%。居住建筑仍以多层建筑为主,但高层建筑的量有了成倍增加(图 6-34)。

图 6-34　2008 年老城居住建筑平均层数三维空间分布

2008年老城居住建筑平均层数与2001年相比,从3.75层上升到4.70层。空间分布特征上,2008年较2001年平均层数增加的居住建筑主要分布在城市周边地带,这与城市更新地块的分布地段吻合,从三维空间上看,城市中心地带的居住建筑平均层数增加的幅度更为明显。

6.5.6　2001—2008年老城置换和更新的居住用地空间分布

在2001—2008年的8年间,约119.53万 hm² 的居住用地的功能被置换,占总量的7.73%;约196.34万 hm² 的居住用地得到更新,占总量的12.71%。对比居住用地功能置换与更新地块空间分布特征,居住用地功能置换地块主要分布在城市中心及南部地带(图6-35),居住用地更新地块主要分布在城市北部、南部和少量东部地块的边缘地带(图6-36),更新地块与置换地块形成空间上的互补关系。从雷达图上看,大量的功能置换用地集中在城市南部,其次是北部和东部,西部基本没有;大量的更新用地集中在城市的北部,其次是东南和西南部,西部也基本没有。栅格图中也能够直观地看出功能置换用地与更新用地的南北分布关系。置换和更新地块共同构成了老城中2001—2008年间产生变化的居住用地,由于经济规律和级差地租在城市空间分布上的投射和影响,其中功能置换地块主要分布在城市的中心地带,质心偏于南部;更新地块主要分布在城市边缘地带,质心偏于北部(图6-37～图6-44)。

 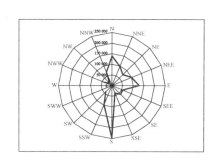 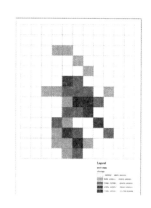

图 6-35　2001—2008年老城居住用地功能置换扇区、雷达、栅格图

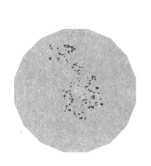 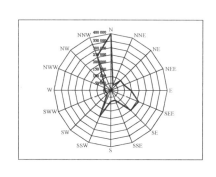 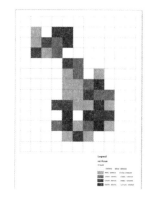

图 6-36　2001—2008年老城居住用地更新扇区、雷达、栅格图

2001年南京主城

公共空间要素　　　　　　历史自然要素　　　　　　文体卫基础设施要素

图 6-37　2001 年南京主城公共空间、历史自然及文体基础设施要素

2004年南京主城

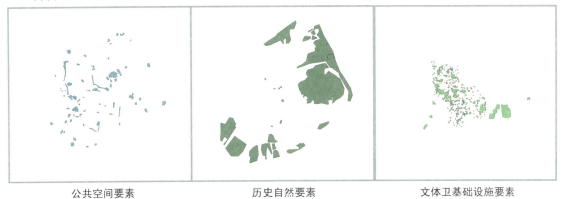

公共空间要素　　　　　　历史自然要素　　　　　　文体卫基础设施要素

图 6-38　2004 年南京主城公共空间、历史自然及文体基础设施要素

2008年南京主城

公共空间要素　　　　　　历史自然要素　　　　　　文体卫基础设施要素

图 6-39　2008 年南京主城公共空间、历史自然及文体基础设施要素

图 6-40 公共空间要素

图 6-41 历史自然要素

图 6-42 文体卫基础设施要素

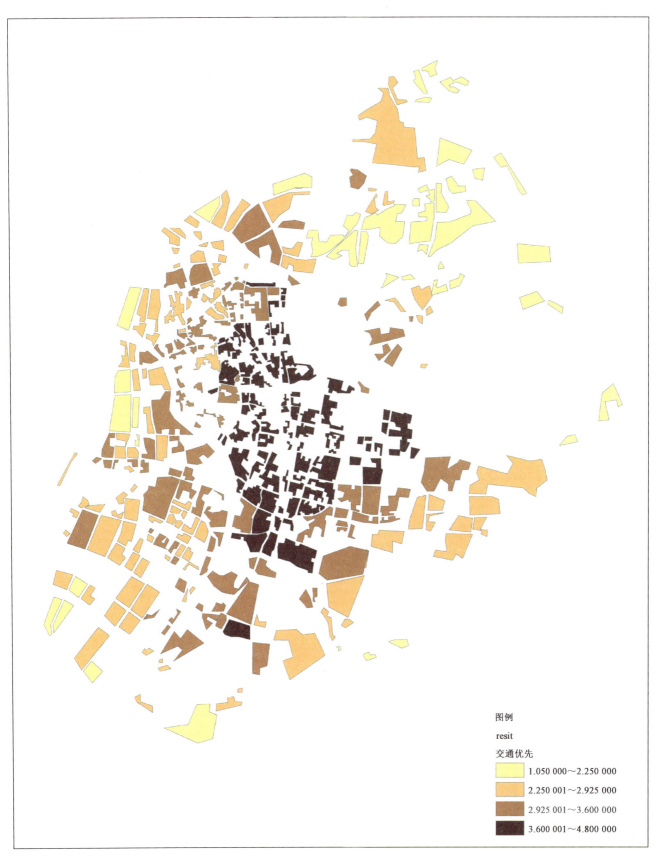

图 6-43 交通要素

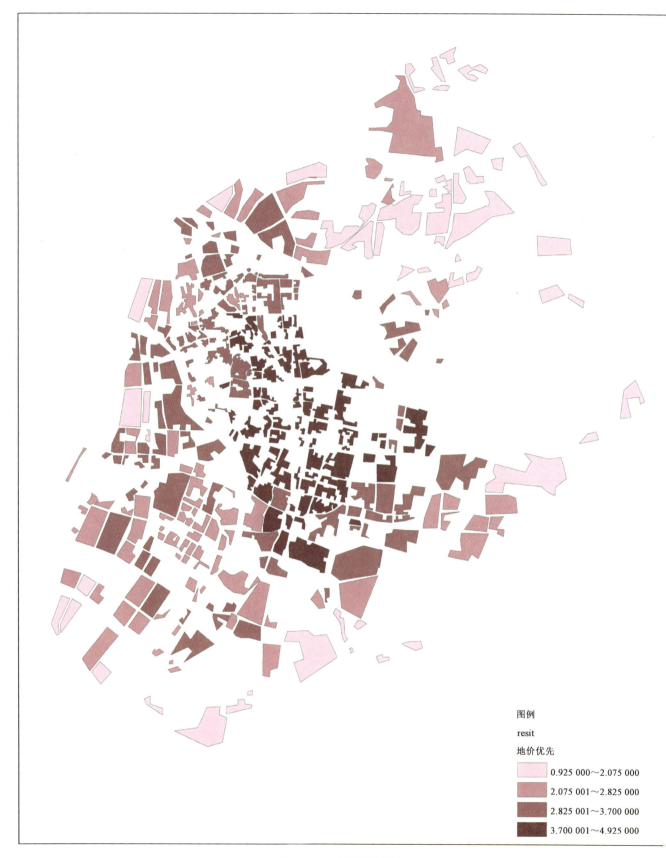

图 6-44 土地价格要素

6.6 基于GIS因子叠加技术的南京城市居住用地适宜性评价

在对土地价格,交通可达性,与自然历史要素、开放空间、商业服务业及文化卫生体育设施的接近度六项指标进行逐项打分的基础上,我们对各个因子进行加权,其中土地价格因子权重系数为0.30,交通可达性因子系数为0.15,与自然历史要素的接近度系数为0.20,与人工为主的开放空间的接近度系数为0.05,与商业服务业接近度系数为0.20,与文化卫生体育设施的接近度系数为0.10,对现状居住用地在主城范围内的分布进行适宜性评价,建立主城居住用地适宜性综合指标评价体系(图6-45)。

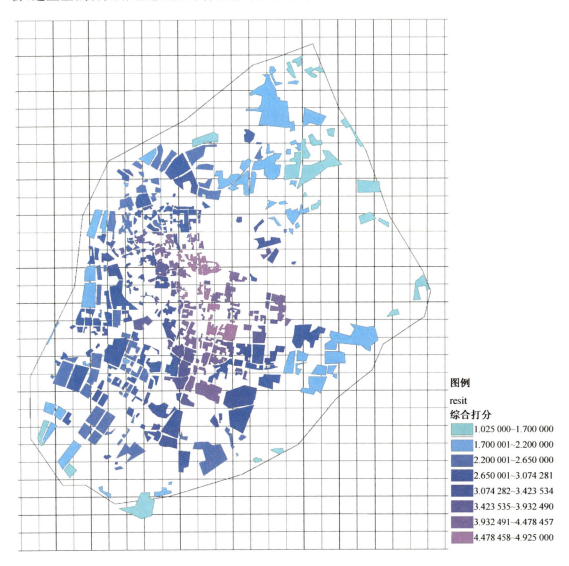

图6-45 基于GIS因子叠加技术的南京城市居住用地适宜性评价

研究表明,从主城区范围看,自老城中心至主城区边缘的居住适宜度呈同心圆递减。目前东、西、南、北四个片区较中片(老城)的居住适宜性分值偏低,居住适宜度较差。这主要是由于周边四大片区的基础设施配套不够成熟,同时城市职能较单一,反映出以南京为代表的我国大城市当前的郊区化过程是单向被动的郊区化,这与西方国家后工业社会阶段中产阶级的主动郊区化迁移的机制和成因完全不同。尽管人口外迁导致的就业、子女入学、环境感知等方面的失衡造成居民实际生活质量下降,但城市向外围疏散的趋势却无法避免,因此要在疏散的过程中加强外围片区基础配套设施建设,完善功能布局,形成居住就业相对平衡、配套设施相对完善的综合性片区,提高片区的居住适宜性。

从老城范围看,老城的居住适宜度整体较好,这是由老城便利的交通条件、丰富的自然历史资源、成熟的基础设施配套条件所决定的。目前老城的居住建筑以多层和高层为主,短时间内拆迁难度大,现阶段应以提高空间密度、集约化利用现有资源为目标。远期来看,尽管老城要疏散人口,将居住用地逐步析出,但老城中仍应保有适当比例的居住用地,且不应将其完全布局在周边地区,以避免重蹈西方国家的"死城""卧城"现象引发中心区衰落的覆辙。

我们以人口容量与居住用地关系为宏观基础性要素、城市总体规划战略为宏观导向性要素、级差地租承载力、用地自然承载力、基础设施承载力为微观基础性要素,应用 GIS 技术建立的居住用地适宜性评价模型强调的是多因素协同作用下南京居住用地规律的总结,其评价对象是现阶段的南京城市居住空间。随时间演进,城市格局和社会经济条件发生的新变化可以在数据库中不断反映和更新,因此这是一套能够调适以适应发展的动态评价体系。

6.7　本章小结

本章在归纳南京城市居住形态演化特征的基础上,运用上文建立的基于物质要素和非物质要素整合考虑的 GIS 分析技术对市域、都市区、主城区和老城范围的居住空间形态演化规律进行总结,并对南京主城范围的居住用地适宜性进行 GIS 量化评价。思考如下:

(1) 基于宏观区域视野构建城市居住空间的紧凑发展格局

中国城市化进程的不断加快使城市用地短缺、人口骤增、交通拥挤、环境恶化的矛盾日益突出,作为城市整体环境中占有量巨大的居住空间,对城市有限土地的需求量不断增大是其发展的必然趋势。从人文主义的视角出发,要实现环境资源的永续利用就需要首先实现对现有的居住用地资源的集约化利用,以更少的土地容纳更多的人口。居住空间紧凑发展格局的建构始终要以宏观区域层面的整体性分析为基础依托,通过对整个城市资源的合理调配,对内城、近郊和远郊的居住空间进行统一调配,实现宏观视野下的居住空间均衡合理布局。

(2) 有机集中与适度分散:实现空间密度的平衡分布

从南京的住宅产业发展透视全国,在住宅容量总体不高的情况下,内城拥挤和郊区蔓延的问题在各大城市普遍存在。尽管分散的趋势不可避免,居住空间尤其是内城居住空间的紧凑化发展仍然是适应中国城市发展和国情的必然选择,通过提高居住空间密度矫正城市蔓延带来的负面影响,空间密度的适宜度和分布合理性是其中的关键性因素。根据 GIS 数据分析,南京的居住用地还存在提高空间密度的空间。提高空间密度不等同于提高容积率或占地率,而是作为实现功能意义上的聚集混合、社会意义上的地域认同和文化意义上的城市精神的手段,倡导内城的有机集中和外围城镇的适度分散以实现空间密度的平衡分布。

(3) 历时性维度中城市居住空间的紧凑集约发展

城市居住空间的演化和发展要在历时性维度中进行研究,本章从 1990 年土地有偿使用制度建立开始,回顾了南京城市居住空间形态的演化规律:近 20 年来南京的居住用地演化一方面表现为老城内居住用地的去中心化趋势,另一方面表现为外围城镇中居住用地的迅速扩张。在 2001—2008 年间南京老城变迁过的居住用地中,居住功能被置换的用地集中在城市中心地带,居住功能更新用地多分布在老城的外围地区,其空间分布形态反映了当前经济活动对物质空间的作用,符合经济利益最大化原则,但不一定符合城市的长远利益。城市中即使是中心地区仍然需要一定数量的空间密度较高的居住用地,通过城市职能的混合使用保有城市活力。

(4) 基于用地适宜性评价设定城市居住空间密度

城市居住空间密度的设定要以用地适宜性评价为基础,目前主城区范围自老城中心至主城区边缘的居住适宜度呈同心圆递减。城市向外围疏散的过程中要加强外围片区基础配套设施建设,完善功能布局,形成居住就业相对平衡的综合性片区,提高片区的居住适宜性。适宜建设居住建筑的用地在对具体地块充分论证和考察的基础上,可适当提高空间密度,增加空间使用效率,完善城市复合功能,激发新的城市活力。

第 7 章 中观街区层面的南京城市居住形态演化

本章选取城南片区、中山北路片区、中山路—中山南路片区、中山东路片区、明故宫片区五大片区,从中观街区层面出发,对南京城市居住形态演化进行分析。

7.1 城南片区居住形态演化

7.1.1 概况

位于中华门内东、西两片围绕内秦淮河形成的城南地区是南京历史最为悠久的传统城区(图 7-1,图 7-2),目前居住用地性质占总用地面积的 70% 以上,在 GIS 多因子叠加分析中综合评分在 3.9~4.7 之间,属于适宜居住用地,代表了历史风貌保留地区的典型肌理和形态。建筑风貌以清末民初时遗留的"青砖小瓦马头墙,回廊挂落花格窗"的成片江南穿堂式民居为主要特色。明初时这里曾是以秦淮水系和城墙为脉络,街巷纵横、粉墙黛瓦的手工业商业繁荣区,近代由于南京城市中心和建设重心的偏移、交通方式的转变而逐渐衰落。城南片区目前聚集了大批受教育程度较低的城市贫困人口,人口密度高,居住条件和设施水平落后。

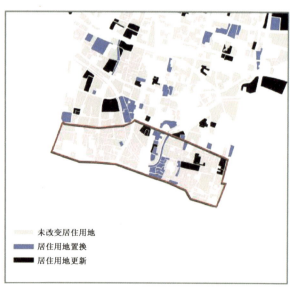

图 7-1 城南片区在老城中的区位　　　　图 7-2 城南片区局部平面放大图

7.1.2 物质空间形态特征和分析

下文将以"轴""核""群""架""皮"的空间形态分析方法对上文选取的南京城市中观层面的五大典型片区进行剖析。对城南片区而言,肌理分布(群)和风貌特征(皮)是其呈现出的较为突出的特点。从肌理分布情况看,这一地区的传统建筑肌理特征可归纳为四项:致密肌理、小街区尺度、空间均质化和可识别程度高。与新建地区相比,这一历史街区主要由具有围合感的院落构成的建筑单体组成,单体占地面积较小的个体建筑紧密排列形成低层高密度居住空间肌理特征,从而获得了较高的可识别性(图7-3)。

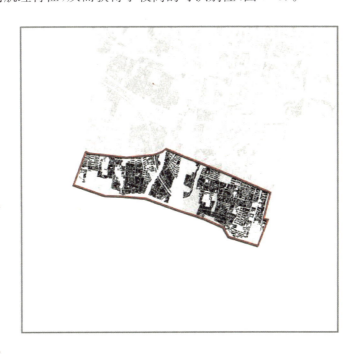

图 7-3 城南片区居住形态肌理

从风貌特征情况看,原有建筑风貌特色显著,但整体环境质量问题堪忧。建筑因日久失修而质量较差,基础设施缺乏或落后,缺乏必要的公共空间和绿地,传统风貌受到不同程度的破坏,导致地区丧失了昔日活力。新建住区虽解决了不少环境和设施问题,但司空见惯的行列式住宅布局导致地区特色丧失殆尽。

7.1.3 非物质空间形态要素分析

从经济要素看,城南地区的地价在老城中处于中等价位(2~4分区间,图7-4)。交通可达性一般(2.5~3.5分区间),基础设施配套比较完善(3~4分区间)。从社会因素看,人口分异趋势中等,城市活力程度高。政策要素上,政府鼓励保护老城南空间格局,同时也尽量疏散城南较为拥挤的高密度人口。地域特色因素上,以明清建筑为主的特色历史街区是南京现存稀少的珍贵历史文化资源。

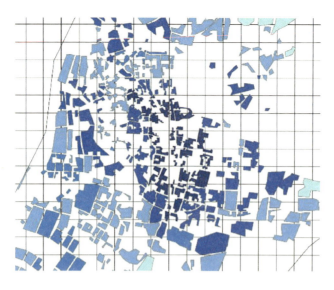

图 7-4 老城居住用地地价分布

7.1.4 演化动因

作为传统城市中心和城市发源地(图 7-5),城南地区历史上曾经是与日常生活密切相关、具有较强地域感的邻里空间,但却在城市发展中走向衰败。在近几年的城市更新中,受快速城市化进程影响,其以危旧房改造的名义粗放式铲除历史街区的做法屡遭专家和市民质疑。历史街区的整体环境质量和人口生存质量使得更新改造是必然选择,但一拆到底的做法反映出该地区的社会历史和文化价值还未真正得到正确认识和有效利用。也有专家提出比较温和的"织补肌理"的改造策略,保留有价值的老建筑、古树、古井及古巷名称等,但这种策略需控制保留建筑占用地面积比例下限。该区居住用地的更新有三种类型:一是建筑给予保留,进行功能置换,如甘熙故居辟为博物馆,是基于保护立场的积极更新;二是

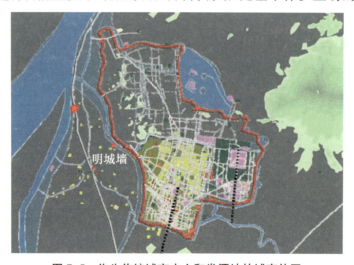

图 7-5 作为传统城市中心和发源地的城南片区

来源:南京市规划局,南京大学文化与自然遗产研究所,南京市城市规划编制研究中心.南京城市空间的历史演变及其文化内涵研究,2007

原址建筑拆除,辟为新的高容积率或高端居住空间;三是原址建筑拆除,辟为其他功能用地如商业或混合功能用地等。第二、三两种会给片区肌理带来剧烈变化。

从资金运作上看,专门成立的开发公司取代纯市场化运作的开发商仍然无法避免对经济利益的追逐,历史文化街区改造所需要的时间成本和经济成本与当前城建项目运作讲求效率和资金就地平衡的体制仍然是制约历史街区改造的根本性矛盾[①]。如何更好地将文脉传承和改善民生相结合,平衡城南居住地区的保护与发展,需要政府决策的支持。

7.2 中山北路片区居住形态演化

7.2.1 概况

按照1928年完成的《首都计划》,规划修筑的中山北路呈东南—西北走向,东南起自鼓楼广场,西北结束于中山码头,全长5 500 m,在当时形成新的城市轴线(图7-6,图7-7)。这对南京城市建设空间发展重心的变化起到很大的作用,城市发展突破原先大多分布在鼓楼岗以南的格局,沿中山北路一线成为新的增长点,带动城北发展。到1937年抗战爆发前,南京的城市结构、功能分区和市容市貌都发生了显著变化,中山路、京市铁路形成城市主要发展轴线,中山北路沿线涌现出大量新型建筑和建筑空间(以西化形式的住宅为主),在山西路一带出现了颐和路公馆区。1934—1946年间,现在的盐仓桥广场附近开始形成一定的集聚效应。时至今日,中山北路仍然是南京市的一条重要街道,云集了众多的民国建筑文

图7-6 中山北路片区在老城中的区位

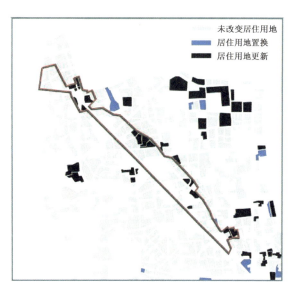

图7-7 中山北路片区局部平面放大图

---

① 据研究,人均GDP接近8 000美元之前,将是破坏文物最严重的时期(至2007年末,南京市人均GDP是6 157美元)。当人均GDP超过8 000美元,人们才真正开始重视历史街区的价值,寻找失落的城市记忆。

化遗产,目前居住用地性质占总用地面积的45%左右,在GIS多因子叠加分析中综合评分区间为3.0~3.4,属于较高得分等级,代表了多层居住建筑的典型肌理和形态。

7.2.2 物质空间形态特征和分析

对中山北路沿线地区而言,轴向发展(轴)和肌理朝向(群)是比较突出的特点。与城南片区的面状满铺肌理形成对比,这一地区线状轴向发展趋势显著,成为空间的主导性制约因素(图7-8,图7-9)。其对角线方向的道路走势成为南京城市格局的骨架性结构。这一地区的居住空间肌理以多层行列式住宅为主,住宅朝向多与斜向的城市道路形成平行或垂直的呼应关系,而非常规的正南北朝向,强化了片区的独特结构特征。

图7-8 中山北路片区居住形态分布　　　　图7-9 中山北路片区的轴向发展

7.2.3 非物质空间形态要素分析

从经济要素看,中山北路沿线地区的地价在老城中处于中高价位(4~5分区间)。交通可达性优良(3.5~5分区间),基础设施配套十分完善(5分区间)。从社会因素看,人口分异趋势不大。

7.2.4 演化动因

以城南片区为发源地,中山北路、中山路和中山东路形成的道路结构构成南京城市的骨架性要素。中山北路的修建起因于《首都计划》,与京市铁路共同带动了城市西北部的发展。这一地区的职能在《首都计划》中以新住宅区为主,今日中山北路一带仍保留了较多的居住功能,沿线民国建筑展现了浓郁的民国风貌和氛围。中山北路的出现起因于一次成功的城市规划,因其顺应了当时的城市发展规律,因而得到良性发展,成为南京从古典城市向近现代城市演进的重要表征。目前,中山北路地区丰富的民国建筑遗产和绿色廊道空间构成南京重要的城市特色,其住宅更新和置换比例约为30%。

7.3 中山路—中山南路片区居住形态演化

7.3.1 概况

与中山北路类似，中山路—中山南路的修建也得益于《首都计划》的制定。1928年开始修建的中山路—中山南路也对南京城市建设空间的变化起到了很大的作用，使得城市形成了六朝—南唐时期的倾斜轴线开始向正南北方向的规整轴线转变，并与中山北路共同促进了城市北部地区的发展。《首都计划》将明故宫、新街口一带规划为商业区，鼓楼一带规划为文教区，民国时期新街口逐步形成比较集中的商业区，鼓楼一带形成国子监等文化机构（图7-10，图7-11）。中山路—中山南路一线目前是南京首位度极高的商务商业黄金地段，居住用地性质占总用地面积的比例由2001年的64%下降到2008年的48%。在GIS多因子叠加分析中得分在3.4~3.9之间，属于中高级别，代表了高层低密度高容积率居住建筑的典型肌理和形态。

 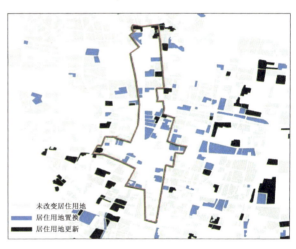

图7-10 中山路—中山南路片区在老城中的区位　　图7-11 中山路—中山南路片区局部平面放大图

7.3.2 物质空间形态特征和分析

轴向发展（轴）和能量集聚中心（核）是中山路—中山南路地段的突出特征，肌理分布（群）也对其物质空间形态认知产生影响（图7-12）。与中山北路相似，轴向发展也是该地段的主导性空间要素。中山路—中山南路的建设扭转了南京城市南北方向原有的倾斜角度，确立了正南北向的城市轴线架构。在此基础上，新街口和鼓楼形成城市形态的双核结构：新街口承担服务南京市和辐射南京都市圈的城市职能，鼓楼广场则是城市最重要的几何轴线汇聚点之一。两者之间形成的张力使得中山路—中山南路沿线发展成为商务商业职能聚集之地（图7-13）。从肌理分布看，由于大量居住用地被置换为商业服务业用地，该地段的肌理趋于向大斑块形成的大街区尺度转化。

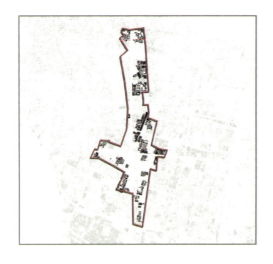

图 7-12　中山路—中山南路片区居住形态分布　　图 7-13　中山路—中山南路片区的轴向发展

7.3.3　非物质空间形态要素分析

从经济要素看,中山路—中山南路沿线地区的地价在老城中属于最高价位级别(4～5分区间)。交通可达性很好(4～5分区间),基础设施配套完善(4～5分区间)。从社会因素看,人口分异趋势不强。

7.3.4　演化动因

以民国时期形成的新街口商业中心为雏形,中山路—中山南路地段成为南京的商业商务发展带,这是由城市发展要求和总体规划所确定的。因此尽管拆迁费用高昂,这一地区的住宅置换率高达15%,置换地区的80%以上被用于服务业用地。原拆原建住宅用地面积为14.63万 m²,仅占5%左右。目前居住用地面积仅占总用地面积的14.7%,新街口300 m半径范围内已无居住用地,说明城市的中心服务业职能得到稳固增强。随着城市发展和中心职能的进一步增强,经济杠杆的作用将使得这一地段的居住用地被进一步析出。

7.4　中山东路片区居住形态演化

7.4.1　概况

按照《首都计划》从修路入手改造南京城的基本思路,民国十九年(1930年)至民国二十六年(1937年)间,南京全城修建了近50条主、次干道[①],中山北路、中山路—中山南路、中山东路均是这一时期修成,形成以新街口为中心的城市干道基线(图7-14,图7-15)。以民国时期的文教区为基础,目前这一地区汇集了近代史博物馆、梅园新村纪念馆和历史文化街

---

① 南京市规划局,南京大学文化与自然遗产研究所,南京市城市规划编制研究中心.南京城市空间的历史演变及其文化内涵研究,2007

区、江苏美术馆、南京文化艺术中心、毗卢寺、人民大会堂、南京图书馆、江宁织造府等文化设施,成为城市重要的文化轴线。为强化地段的文化职能,居住用地性质占总用地面积的比例由 2001 年的 63% 下降到 2008 年的 39%。GIS 多因子叠加分析中综合得分在 2.6~3.9 分之间,属于中等级别,代表了多层高密度居住建筑的典型肌理和形态。

图 7-14　中山东路片区在老城中的区位

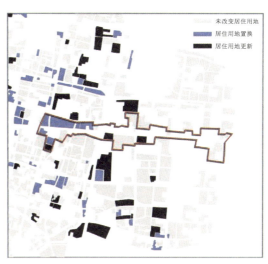

图 7-15　中山东路片区局部平面放大图

7.4.2　物质空间形态特征和分析

轴向发展(轴)和架构支撑组织(架)反映了中山东路地段的显著特点,肌理分布(群)、风貌特征(皮)也对其物质空间形态认知产生一定影响。轴向发展仍然构成该地段空间上的统领性关系,由此生成的与中山路—中山南路轴线、明故宫轴线的架构关系成为这一地区的核心空间特征(图 7-16)。从肌理分布看,该地段大量沿主要干道的居住用地被置换为文化和服务业用地,肌理亦趋于向大斑块形成的大街区尺度转化(图 7-17)。

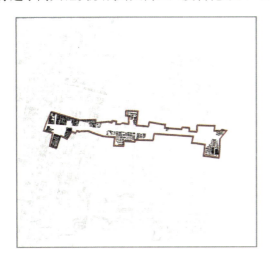

图 7-16　中山东路片区居住形态分布

图 7-17　中山东路片区的轴向发展

7.4.3 非物质空间形态要素分析

从经济要素看,中山东路一带的地价在老城中属于中等价位(2~3.5 分区间)。交通可达性一般(2.5~3.5 分区间),基础设施配套良好(3~4 分区间)。从社会因素看,人口分异趋势明显。由于地铁二号线的建成,这里成为南京一条横贯东西的交通走廊。

7.4.4 演化动因

中山东路地段作为南京重要的文化轴线,其形成既有民国时期文教区的基础,更重要的是宏观规划中对城市总体格局布置的引导、中山路—中山南路轴线和明故宫轴线发生关系的需要。这一地区的住宅置换率也高达 12%,置换地区的 68% 被用于文化用地,目前居住用地面积仅占总用地面积的 12.4%。但相对于市场力量起主导作用的中山路—中山南路轴线,中山东路地段居住用地逐步置换的演化过程更多体现了政府宏观决策和规划的力量。而由于其区位毗邻城市商业中心,服务业经济对其产生的张力作用使得这一地区在文化为主导的氛围中渗透了一些商业娱乐元素,例如南京 1912 的引入给其增添了新的时尚活力。目前该地段的主要沿街面已难觅住宅建筑芳踪。

7.5 明故宫片区居住形态演化

7.5.1 概况

明故宫是明初南京城的核心所在,工程始于公元 1366 年,由皇城与宫城两部分构成,盛极一时。但历经明朝迁都和太平天国之战,这里只剩下了一片残垣断瓦。1929 年新建的中山东路将明故宫遗址从中分为南北两部分,仅存午朝门与地下柱础等少量遗迹。近年来,东华门、西安门遗址公园陆续得到恢复,成为颇受欢迎的公共活动空间。片区东南部是南京航空航天大学校址,东北部大部分地区是其教职工宿舍(图 7-18,图 7-19)。片区总居住用地占总用地面积的 35%,平均层数为 6.5 层。GIS 多因子叠加分析中综合得分在 3.4~3.9,属于中高级别,代表了多层低密度低容积率居住空间的典型肌理和形态。

图 7-18 明故宫片区在老城中的区位

图 7-19 明故宫片区局部平面放大图

7.5.2 物质空间形态特征和分析

轴向发展（轴）和肌理分布（群）是这一片区的典型物质空间形态特征，风貌特征（皮）产生辅助性影响。明故宫轴线、中山东路轴线在此交叉，成为空间形态的结构性要素（图7-20）。从肌理分布看，以多层行列式住宅形成的均质肌理为主，是南京城市基质空间的代表（图7-21）。该片区由于高等院校的存在使得街区尺度达到600～900 m，尺度超大；但从风貌特征看，由于该区的大型绿化空间和文教区较好氛围的存在，中和了由行列式住宅单一排列所带来的乏味单调感。

图 7-20 明故宫片区的轴向发展

图 7-21 明故宫片区居住形态分布

7.5.3 非物质空间形态要素分析

从经济要素看,明故宫片区的地价在老城中属于中高价位(2~4分区间)。交通可达性一般(2~3.5分区间),基础设施配套较完善(3~3.5分区间)。从社会因素看,人口分异趋势不明显。

7.5.4 演化动因

在中观街区层面选取的五个地段中,近年来明故宫片区的居住用地性质是最稳定的。自2001年以来,该区居住用地性质无一变更,居住用地更新的比例也仅占居住用地总量的4.3%。这一是由于该区处于较靠近老城边缘的位置,区位重要性相对较弱;二是由于高等院校和事业单位的存在使得片区演替和更新的动力缺失或不足;三是由于居住建筑以多层为主,拆迁成本高昂且现状建筑质量维持较好。因此在快速的城市化进程中这一地区的空间形态保持了良好的稳定性和延续性。

7.6 本章小结

本章运用空间结构分析手法以及要素叠加法解析了南京最具特点的五组地段,分别为鼓楼—新街口经济轴线、中山东路两侧文化街区、明故宫历史要素结合文教区域轴线、城南历史保护民居片区以及鼓楼—中山北路城市生长轴线。

(1) 居住形态演化更新多从延重要轴线两侧的更替开始,作为以新街口—鼓楼双经济核心为连线的经济轴线上,因其双向吸引而更新演替尤其发达,其中多以居住用地被置换为商业用地为主,相对于其他次经济核心对于居住区域的有力基础配套辐射而言,新街口—鼓楼的商业氛围浓重,在一定短距离范围内与居住区有部分排斥效应。就宏观而言,因地价、交通、文教等多重因子在城市中心区域对于居住区位依然有较强吸引力。

(2) 在文化轴线上,居住区的更新多以原有旧居住区更新为文化用地为主,虽然有一定居住用地的置换,但对于周边居住用地的适宜度有较高的提升,可适当在居住用地更新的过程中考虑适宜空间密度以提高优质居住用地的使用效率。

(3) 同样,在历史要素结合文教设施片区轴线上,居住用地的适宜度也较高,可以达到长时间的稳定状态,这可以从南航教工宿舍片区在近十年的时间内没有居住用地更新中看出。建议在以后的居住用地更新中可以考虑更为经济、高效的适宜空间密度指标。

(4) 鼓楼—中山北路为近一个世纪来南京生长轴线,此轴线为因自然地理限定而产生的单向发展轴线,作为这个轴线上的末端节点,盐仓桥附近棚户区的更新发展较为缓慢,没有引起足够重视,但其周边环境综合因子评价较好,建议在市区范围内同样末端节点未被重视地区可以加快更新速度,提高主城区内的空间使用效率,给予该居住用地适宜的空间密度。

(5) 城南片区作为南京市最早居住发源地,其历史保护意义远超于用地更新或演替意义。作为鼓楼—新街口经济轴线的空间延伸节点,其空间形态对于南京市历史名城有着极重要的意义,尽管该片区的居民住宅较为古老,使用效率较低,而且地块综合评价较高,依然建议以较低空间密度置换。

居住形态随城市的发展而更新演替,城市的结构可以直接影响居住用地的变化。重点关注城市轴线、节点、核心、群组和架构组织下的居住形态,同时结合多因子比较分析,可以更好地评价居住用地最为适宜的空间密度,从而使城市居住形态有机集中。

第 8 章 微观地块层面的南京城市居住形态演化

对城市居住空间形态的进一步研究需要深入到具体地块开发和建造模式、空间形式和使用、结构建造、人的行为心理等不同层面,因此我们选取历史街区门东地区、民国独立建筑代表颐和路地区、流动人口聚居区下关棚户区、土地划拨和福利分房的代表南京航空航天大学职工宿舍地区和丹凤街拆迁安置小区五个典型地区进行微观地块层面的进一步剖析。

8.1 门东地块居住形态演化

以中观层面对城南地区的分析和研究为基础,放大选取门东地块作进一步的微观地块层面研究(图 8-1,图 8-2)。

图 8-1 门东地块在老城中的区位　　图 8-2 门东地块在城南地区的位置

8.1.1 物质空间形态要素分析

门东地块的街巷格局、建筑风貌和形式体现了典型的传统街区风貌特征。这一地区的居住建筑肌理特征为小尺度的建筑单体紧密排列形成整体致密的肌理和尺度形态。在未更新地区,街区形呈现为犬牙交错的有机形态,路网体系呈现为与街区形互为负形的有机组织形式,这是由其历史格局所积淀形成。建筑形态组合廓形与街区形一致性较高,街区相关线图形基本闭合[①]。但在经过更新的地段,行列式布置的多层建筑居住区呈现出完全异质的肌理形态;街区肌理明显放大,路网体系和街区形呈规则的方格网式,建筑群体廓形与街区形的一致性减弱,街区相关线图形感减弱(图8-3)。

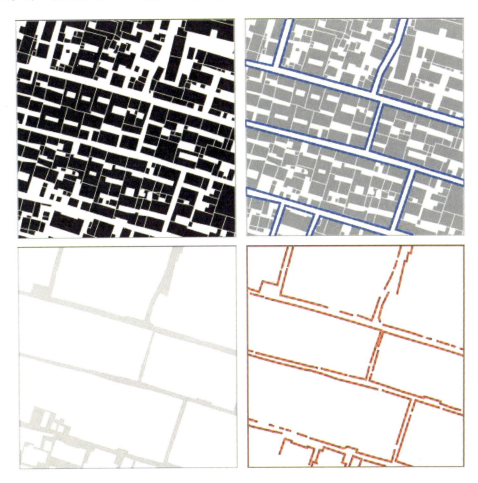

图8-3 门东地块的建筑肌理、街区形、路网体系和街区相关线

街区形、建筑廓形与街区关系和街区相关线的综合作用形成街区整合度指标,门东历史街区的整合度较高。

尽管这一片区具有重要的历史价值,但由于房屋日久失修、大量居民因公共基础设施等的缺乏而迁出等原因,整体建筑风貌比较衰落。该区建筑形式为1~2层的院落式单栋住宅,调研发现1栋小的四合院住宅中一般居住2~3户人家,有的多达4~5户。老民居多以木结构

---

① 所谓街区形是指街区的形状和尺寸;街区相关线是指在几何关系上建立建筑和所在街区进行量化分析的模度,分解建筑边线,去除和街区几何边线无关的线条即得到了街区相关线图形。参见:南京大学.南京城市空间形态及其塑造控制研究[Z],2007

为承重体系,用抬梁和穿斗的构架承受屋面和楼面重量,以空斗墙或砖石砌墙围护及分隔空间形成建筑。该区住宅建筑容积率约为 0.68,远较老城平均居住建筑容积率 1.72 为低;居住建筑密度约为 52%,远较老城平均居住建筑密度高,绿地率约为 8%,绿地空间极度匮乏。

8.1.2 非物质空间形态要素分析

门东地区的支路网密度较高,地铁、公交的可达性较好,平均地价约为 2 850 元左右,新建住宅均价约为 9 500 元左右,在老城中属于中低价位地区。居民户数约为 124～186 户,人口数约为 372～744 人,人口密度约为 0.08 人/m²,与此相对应,居民人均月收入仅约 600～1 200 元,受教育程度以初、高中学历为主。本地中老年人构成居民主体,居住方式主要为产权房自住形式。

在针对该区居民的访谈中,居民回忆起祖上三代在屋檐下纳凉、遛鸟、喝茶、聊天的幸福时光,体现出对街坊邻里形成的强烈地域感和归属感的眷恋;这种归属感随着老街坊的推平、迁出而荡然无存。同时,住房条件的拥挤(一家三代挤在一间不足 20 m² 的房间里)、基础设施(独立厨房、厕所)的匮乏已无法保障基本的居民日常生活,而一旦拆迁,居民得到的补偿费用远不足以使其搬回原址居住。如图 8-4 所示,一名收破烂的男子站在被拆的老宅前,此处为南京南捕厅项目中的程善坊 4 号,属于拆迁范围,将建成高档会所。

图 8-4 即将拆迁的老宅
来源:新京报.2009-07-06A11～A12 版,吕宗恕摄

8.2 颐和路地块居住形态演化

颐和路公馆区是按照民国《首都计划》实施的民国时期外国驻华使馆、民国政要及社会名流的高级住宅集中的区域(图 8-5,图 8-6),目前这一地区的整体风貌、街巷空间尺度都

基本保持着当年建筑设计的风格,保存完好的民国时期建筑约有225幢,具有重要的历史价值。颐和路地区的形态成形于1934—1946年间(图8-7,图8-8)。

图8-5 颐和路地块在老城中的区位　　　图8-6 颐和路地块在中山北路地区的位置

图8-7 1934年的南京城市空间格局(颐和路地区还未出现)　　　图8-8 1946年的南京城市空间格局(颐和路地区形成集聚)

来源:东南大学建筑学院,东南大学—联合国教科文组织GIS中心.南京历史文化名城保护[Z],2007

8.2.1 物质空间形态要素分析

与门东地区不同,颐和路地区的居住建筑肌理由小尺度的建筑单体间隔一定空间距离矩阵式构成,这使其肌理形态表现为细密的碎小颗粒式。该区的路网体系反映为以中山北路为骨架形成的斜交45°路网系统与正南北方向正交路网两套系统的叠加,这使得其街区形呈现较不规则的外廓。由于多层行列式住宅构成居住类型主体,建筑群体廓形与街区形的一致性较弱,街区相关线图形感较弱(图8-9)。但这一街区的整合度仍然较高,连续的线性空间要素围墙与线性绿化要素的共同作用,有效增加了街区的认知整合度。

图8-9 颐和路地块的建筑肌理、街区形、路网体系和街区相关线

该区的建筑形式以2~3层的集中式单栋住宅为主,结构形式为砖墙承重,建造式样为西式传统风格,总体建筑风貌保存较好。该区居住建筑容积率约为1.3,低于老城平均居住建筑容积率;建筑密度约为66%,远较老城平均居住建筑密度高,绿地率约为30%,绿化程度优良。

8.2.2 非物质空间形态要素分析

颐和路的支路网密度是老城中道路密度最高的片区之一,以小汽车为主导的交通可达性好,公共交通不便。平均地价约为 3 900 元左右,住宅均价约为 13 000 元,属于老城中的中高价位地区。居民户数约为 307~385 户,人口数约为 921~1 842 人,人口密度约为 0.01 人/m²,居民人均月收入约 2 000~5 000 元,受教育程度以大学为主。该区仍由本地中老年人构成居民主体,但与门东地区对比,居民素质和社会阶层明显较高。居住方式以无产权房自住形式为主,部分为产权房自住或闲置。

调研发现,颐和路地区也有少部分较落败的历史建筑缺乏翻新,这主要是由于其房屋产权归属问题造成的。按照政策,这里的房屋建筑只能业主本人居住(原有业主的继承人一般居住在台湾),若要出售需要偿付高昂的历次维修费用,因此有些建筑被空置而逐渐衰落。

8.3 下关棚户地块居住形态演化

1934—1946 年间,作为中山北路轴向发展的终点,围绕城市军事战略防御布点,现盐仓桥广场地段已开始形成一定的居住集聚效应(图 8-10,图 8-11)。目前这一地段的居住建筑以简陋棚户区为主。

图 8-10 下关棚户地块在老城中的区位

图 8-11 下关棚户地块在城北地区的位置

8.3.1 物质空间形态要素分析

下关棚户区的居住建筑肌理表现为小尺度独栋建筑紧密排列形成致密肌理。该区的路网体系有较多的自下而上自发形成的成分，因而较不规则，呈现出的街区形态也比较有机。建筑形态组合廓形与街区形的一致性比较高，街区相关线图形闭合度较好（图 8-12），街区整合度较高。虽然平面形态具有某种相似性，但它的建筑主要由未经设计砌筑、搭建的低矮平房组成，建筑风貌远较门东地区差，也不具备相应的历史文化保留价值。

图 8-12 下关棚户地块的建筑肌理、街区形、路网体系和街区相关线

该区的建筑形式以一层为主的集中式平房住宅为主，结构形式为砖墙承重，建造式样为现代风格。该区居住建筑容积率约为 0.97，远较老城平均居住建筑容积率低；建筑密度约为 65%，绿地率约为 12%，绿化空间缺乏。

8.3.2 非物质空间形态要素分析

在交通可达性方面，该区偏于城市一隅，且西部和北部有长江阻隔，可达性较差，城市中的主要到达方式为公交到达。平均地价约为 3 300 元左右，住宅均价约为 11 000 元，在老城中属于中等价位地区。居民户数约为 381～762 户,人口数约为 1 143～3 048 人,人口密度约为 0.06 人/m²,居民人均月收入约为 800～2 000 元,受教育程度以初、高中为主。外来中青年流动人口构成居民主体,居住方式主要为租赁他住,部分为自盖房自住。由于自然山水天然屏障的制约,并已位于城市边缘位置,针对目前恶劣的居住条件和环境,更新成为该棚户区的最好选择。但如何达到较好的更新效果,需要宏观调控、政策条件引导和理性规划探索的结合。

8.4　南京航空航天大学周边地块居住形态演化

南京航空航天大学周边地区是计划经济体制下土地划拨和单位福利分房的代表,其多层行列式的排布方式是 20 世纪 70 至 80 年代通用的住宅布局模式(图 8-13,图 8-14)。

图 8-13　南航周边地块在老城中的区位　　　图 8-14　南航周边地块在城南地区的位置

8.4.1　物质空间形态要素分析

该片区的居住建筑肌理表现为行列式住宅建筑按照当时的日照通风规范以最小化间距原则均质排布的形态。路网体系为规则方格网状,由于高等院校的存在使得街区尺度达到 600～900 m,尺度超大,街区形、建筑廓形与街区形的关系、街区相关线的整合度不高(图 8-15)。该区的建筑形式以 4～6 层多层板式住宅为主,结构形式为砖混承重,建造式样为现代风格。平均建筑容积率约为 1.6,接近老城平均居住建筑容积率(约 1.72);建筑密度约为 29%,接近老城平均居住建筑密度;绿地率约为 12%,较老城居住用地平均绿地率略高。虽然该区居住建筑的建造年代较早、单体排列方式单一,但由于周边历史文化氛围的烘托、绿化空间的掩映和建筑自身的良好维护,总体风貌特征较好。

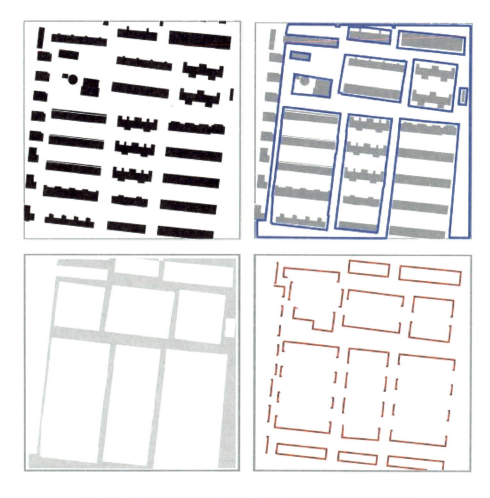

图 8-15　南航周边地块建筑肌理、街区形、路网体系和街区相关线

8.4.2　非物质空间形态要素分析

　　南航片区处于中山东路轴线与明故宫轴线的交汇点,交通可达性较好,目前的主要到达方式为小汽车和公交到达,2009年10月地铁二号线的竣工为其带来新的便捷公共交通方式。该区的平均地价为3 000元,住宅均价为10 000元左右,在老城中属于中等价位地区。居民户数为1 001户,人口数为3 003人,人口密度为0.06人/m²,居民人均月收入为2 000~5 000元,受教育程度以本科或以上学历为主。本地居民形成居民主体结构,年龄层次老、中、青分布比较平均。居住方式主要为产权房自住形式,少部分为租赁他住。

8.5　丹凤街丹凤新寓地块居住形态演化

　　丹凤街丹凤新寓地块是20世纪90年代建成的拆迁安置小区(图8-16,图8-17),主要为3梯12户高层住宅,它的建筑布局、形制和风貌与香港公屋颇有相似之处(图8-18)。

图 8-16 丹凤新寓地块在老城中的区位　　图 8-17 丹凤新寓地块在城中地区的位置

图 8-18 丹凤新寓风貌照片

8.5.1 物质空间形态要素分析

这一片区的居住建筑肌理为点式住宅根据通风采光要求矩阵式排布,路网体系呈规则方格网式。按照多层裙房的围合形态分析,该街区形、建筑廓形与街区形的关系、街区相关线的关系均较完整,因此街区整合度尚可;但计入高层点式建筑的影响,街区形态即不可避免地增加了一些破碎化特征(图 8-19)。

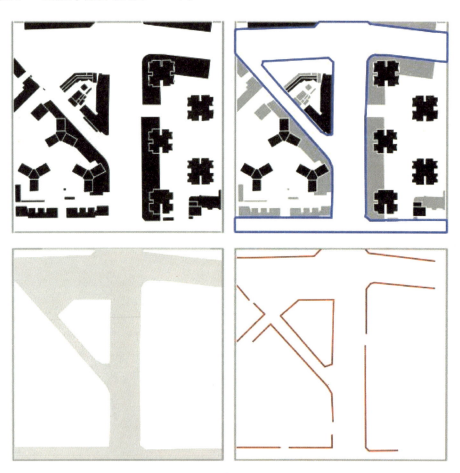

图 8-19 丹凤新寓地块的建筑肌理、街区形、路网体系和街区相关线

该区的建筑形式以 30~32 层高层点式住宅为主(辅以 4 栋 7 层住宅),结构形式为钢筋混凝土结构,建造式样为现代风格,整体风貌在老城中处于中游水平。平均建筑容积率约 3.74,高于老城平均居住建筑容积率;建筑密度约 13%,绿地率约 13%。

8.5.2 非物质空间形态要素分析

丹凤新寓地区靠近鼓楼广场节点,良好的区位带来较好的交通可达性,地铁、公交换乘便捷。该区的平均地价约为 4 500 元左右,住宅均价约为 15 000 元,在老城中属于较高价位地区。居民户数为 756 户,人口数约为 2 268 人,人口密度约为 0.2 人/m²,居民人均月收入约为 2 000~5 000 元,受教育程度以大学为主。居民主体以本地居民为主,也有部分外来人口,年龄层次以中、青年人为主,老年人为辅。居住方式约 70% 为产权房自住形式,约 30% 为租赁他住。

将丹凤新寓地块与邻近的 2004 年建成的恒基国际公寓相比,尽管两者位置毗邻、居住建筑形式均为高容积率小户型为主的高层建筑,却呈现出一些迥然不同的特征:首先,恒基国际公寓的住宅均价、居民受教育程度和年收入明显较丹凤新寓地块高。从套型和套内面积看,恒基国际公寓虽总户数较丹凤新寓少,但套型从四室两厅一厨二卫的大户型、90 m^2 左右的两室一厅到 50~60 m^2 的单身小公寓,提供了多样化选择的可能性;而丹凤新寓基本以 50~60 m^2 的两室一厅为主,户型品种单一。一街之隔的两者对比反映出中国大城市中社会阶层逐渐开始空间分异的现状。

8.6 本章小结

门东、颐和路和下关棚户区的空间形态代表了低层高密度布局模式,其中门东与颐和路街区是南京居住特色建筑的重要体现,下关棚户区的产生则受快速城市化进程和流动人口入城的趋势推动,成为需要平衡解决的社会问题;南航周边职工宿舍地区的空间形态代表多层行列式住宅均质分布模式,也是计划经济体制下单位福利分房的产物;丹凤新寓地块的空间形态代表了高层住宅建筑布局模式,也是老城居住功能更新引发的高容积率方案类型。以上五大片区类型基本能够覆盖和反映南京老城居住建筑现状,我们对其进一步汇总如表 8-1 所示。

表 8-1 微观地块层面五大地区的物质空间形态和非物质空间形态要素比较

		门东地区	颐和路地区	下关棚户区	南航周边	金润发地块（南片）
物质空间形态要素	建筑肌理					
	路网体系	有机	斜交网格	放射	方格网	方格网
	街区整合度	高	较高	低	中等	中等
	建筑风貌	中等	好	差	较好	较差
	平均层数	1~2	2	3~4	5	30
	建筑形式	院落式单栋住宅	集中式单栋住宅	板式	板式	点式、板式
	结构形式	以木为主	以砖为主	砖	砖混	钢筋混凝土

续表

		门东地区	颐和路地区	下关棚户区	南航周边	金润发地块（南片）
物质空间形态要素	建造式样	中式传统	西式传统	现代	现代	现代
	容积率	0.68	1.32	0.97	1.6	3.74
	建筑密度	52%	66%	65%	29%	13%
	绿地率	8%	30%	12%	12%	13%
	户型					
非物质空间形态要素	建造时代	清末民初	民国	1950—1960	1970—1980	1999
	到达方式	地铁、公交	小汽车、公交	公交	小汽车、公交、在建地铁	地铁、公交
	地价	2 850	3 900	3 300	3 000	4 500
	住宅均价	9 500	13 000	11 000	10 000	15 000
	居民户数	124～186	307～385	381～762	1 001	756
	居民人口数	372～744	921～1 842	1 143～3 048	3 003	2 268
	人口密度	0.08	0.01	0.06	0.06	0.2
	居民身份	本地	本地	外来	本地	本地、外来
	居民年龄层次	中老年	中老年	中青年	老中青	中青年
	居民人均收入	600～1 200	2 000～5 000	800～2 000	2 000～5 000	2 000～5 000
	受教育程度	初、高中	大学	初、高中	大学以上	大学、高中
	开发性质	历史遗留	历史遗留	个人	单位集资	市场开发
	主要居住方式	产权自住	无产权自住	租赁他住	产权自住	产权自住

就南京市空间形态截取五个最具特色地块，对其内部肌理、结构、边界进行了图面分析，同时对其户型、人口及各项指标进行实地调研。其中包括需要历史风貌保护的城南民居和颐和路公馆区、亟须更新的盐仓桥棚户区、形态良好的南航宿舍区，以及城市中心商业片区中的回迁安置房。

这些地块所反映的问题涉及经济、政策、社会和历史文化等多重因素，深入分析小尺度的居住片区，可以以小见大，从更为实践的角度理解非物质空间形态对于居住空间形态乃至城市空间形态的反作用。

第 9 章 结论与展望

9.1 主要研究结论

9.1.1 当代我国城市居住形态演变发展的特点和趋势

本书运用 GIS 平台,以南京为例,比较分析了自土地出让制度改革以后 1990 年、2001 年、2004 年、2008 年四个年代城市宏观居住形态的变化,总结当代我国特大城市分散与集中的趋势。研究汇总了这一时期的居住建设用地和建设面积等数据,将其置入 GIS 平台,并分别在市域、都市区、主城区、老城等几个层面上进行了比对和分析,使之具有了图像化和数据化的直观优势,以利于对城市总体居住形态演化发展趋势的判断。

在 1990—2008 年间,主城区的居住功能用地不断减少,人口逐渐下降,居住功能有向城市外围迅速扩散的趋势。居住形态在图像上向城市外围扩散的过程是新区建设和郊区化现象的体现,也是居住人口向外扩散的过程。南京市城市总体格局因此出现明显的"分散"发展趋势。而同时在主城区居住人口和居住用地不断减少的情况下,城区现有的居住用地在容积率、平均层数、单位地块人口密度等指标上都出现了较大幅度的增高,出现了使用强度上升的趋势。这是近年来大规模旧城更新过程的直接体现。

与西方国家逆城市化与再城市化过程相继展开的顺序不同,我国快速城市化进程中出现了郊区化与城市更新同步进行的现象,这使居住形态上的集中与分散现象同时产生。这一方面说明我国正在经历不同于西方的超常规快速城市化进程,另一方面也意味着集中与分散导致的问题也会同时出现。应当在集约利用土地的基础上,控制城市扩散的速度和规模,防止出现过度蔓延式发展的问题。

9.1.2 基于 GIS 技术多因子叠加的城市居住用地适宜性评价

研究表明,从主城区范围看,自老城中心至主城区边缘的居住适宜度呈同心圆递减。目前东、西、南、北四个片区较中片(老城)的居住适宜性分值偏低,居住适宜度较差。这主要是由于周边四大片区的基础设施配套不够成熟,同时城市职能较单一,反映出以南京为代表的我国大城市当前的郊区化过程是单向被动的郊区化,这与西方国家后工业社会阶段中产阶级的主动郊区化迁移的机制和成因不尽相同。尽管人口外迁导致的就业、子女入学、环境感知等方面的失衡造成居民实际生活质量下降,但城市向外围疏散的趋势却无法避免,因此要在疏散的过程中加强外围片区基础配套设施建设,完善功能布局,形成居住就业相对平衡、配套设施相对完善的综合性片区,提高片区的居住适宜性。

从老城范围看,老城的居住适宜度整体较好,这是由老城便利的交通条件、丰富的自然历史资源、成熟的基础设施配套条件所决定的。目前老城的居住建筑以多层和高层为主,短时间内拆迁难度大,现阶段应以提高空间密度、集约化利用现有资源为目标。远期来看,尽管老城要疏散人口,将居住用地逐步析出,但老城中仍应保有适当比例的居住用地,且不应将其完全布局在周边地区,以避免重蹈西方国家的"死城""卧城"现象引发中心区衰落的覆辙。

以人口容量与居住用地关系为宏观基础性要素,城市总体规划战略为宏观导向性要素,级差地租承载力、用地自然承载力、基础设施承载力为微观基础性要素,应用GIS技术建立的居住用地适宜性评价模型强调的是多因素协同作用下南京居住用地规律的总结,其评价对象是现阶段的南京城市居住空间。随时间演进,城市格局和社会经济条件发生的新变化可以在数据库中不断反映和更新,因此这是一套能够调适以适应发展的动态评价体系。

9.1.3 多种因素对居住形态影响的实证分析

在GIS平台的基础上,以南京为例,并选取城市内部代表性的地段,对城市宏观、中观和微观层面居住形态的演变进行实证分析,论证城市中物质与非物质因素对居住形态的影响。

(1) 在宏观层面,城市总体空间格局的结构和规划的引导对老城更新的范围产生了重要影响。例如,南京是一个以新街口地区为中心的典型单中心特大城市,单中心圈层式的城市结构是导致城市地价从市中心向边缘区呈级数降低的重要原因。自1990年以来,城市规划确定的总体城市格局使南京逐步向多中心格局演变。这使得城市主中心、副中心周边居住功能逐步迁出,原有的居住功能置换为以商业商务为主的服务业。城市中的商业"核"对居住形态具有较为明显的驱逐效应。连接几大商业中心的城市主要发展轴中山路两侧也出现了居住用地大量置换的现象。

通过南京的案例表明,老城内被置换的居住功能用地主要集中在城市的商业中心(新街口、湖南路、夫子庙)周边,以及主要的城市功能发展轴(中山东路、中山路—中山南路)两侧。功能置换后的土地功能以商业及商务功能为主,说明南京市的城市中心职能得到进一步加强。居住功能更新用地多分布在老城的外围地区,且更新后容积率等指标大幅上升,开发强度大大提高。根据居住用地的置换和更新变化及其空间分布形态,市场原则和经济因素已成为老城更新的最基本动力,反映了当前经济活动对物质空间的主要作用。而文物保护、经济成本、相关政策等多重因素对中观和微观层面的居住形态演化也都产生了重要影响。

(2) 在中观层面,本书运用空间结构分析手法以及要素叠加法解析了南京最具特点的五组地段,分别为鼓楼—新街口经济轴线、中山东路两侧文化街区、明故宫历史要素结合文教区域轴线、城南历史保护民居片区以及鼓楼—中山北路城市生长轴线。居住形态随城市的发展而更新演替,城市的结构可以直接影响居住用地的变化。研究重点关注城市轴线、节点、核心、群组和架构组织下的居住形态,同时结合多因子比较分析,可以更好地评价居住用地最为适宜的空间密度,从而使城市居住形态有机集中。

(3) 在微观层面,本书对其内部肌理、结构、边界进行了图面分析,同时对于其户型、人口及各项指标进行实地调研。其中包括需要历史风貌保护的城南民居和颐和路公馆区、亟须更新的盐仓桥棚户区、形态良好的南航宿舍区,以及城市中心商业片区中的回迁安置房。

这些地块所反映的问题涉及经济、政策、社会和历史文化等多重因素,深入分析小尺度的居住片区,可以以小见大,从更为实践的角度理解非物质空间形态对于居住空间形态,乃至城市空间形态的反作用。

9.2 建议策略

9.2.1 增强规划调控能力,优化总体结构

强化城市用地规划的宏观调控力,重视城市副中心和次中心的建设,避免形成单中心城市。单中心结构的城市的土地区位级差地租由城市中心向周边递减,这一趋势将造成部分地区的居住功能空心化。而多中心结构城市在一定程度上使城市用地均质化、分散化,将不同的城市职能合理转移到了城市副中心、次中心乃至卫星城,能够引导居住空间总体形态的合理分布。

9.2.2 加强基础设施建设,集约土地利用

要实现环境资源的永续利用,就需要实现对现有的居住用地的集约化利用。居住空间紧凑发展格局的建构始终要以宏观层面的整体性分析为基础依托,实现宏观视野下的居住空间均衡合理布局。通过加强基础设施和服务设施的建设,对整个城市资源进行合理调配,提高居住区的生活便利度和舒适度。在新区开发和城市更新的过程中注重土地的集约,实现有机集中的空间分布模式,实现可持续发展的目标。

9.2.3 注重混合功能开发,提升城市活力

城市内部的混合型功能是城市保持活力的重要保障。在城市内部进行更新的过程中,根据区块的不同特点,科学合理地安排一些混合用地,使居住、商业、教育、服务等功能相互毗邻渗透,能够在很大程度上增加城市的活力,提高各方经济效益,并增进不同阶层的居民相互交流的可能。通过混合型功能在城市更新中的设置,使城市更新从单一的功能性置换或外观风貌改善,走向总体综合的结构性更新,带动整个地区的系统化提升。

9.2.4 通过相关政策引导,完善内部更新

对于某些亟须改造但更新难度较大的城市旧居住区,政府应该在坚持旧住宅区更新改造市场化道路的原则下,适当通过相关政策优惠,推进城市内部的旧居住区更新,如减免税收、提高容积率、开放空间奖励政策等。同时制定增加就业导向的发展对策,为旧住宅区的居民提供生存空间和发展空间。开展公平导向的参与机制,使公众意见能够影响城市空间更新演变的过程。

9.3 不足与展望

(1) 数据统计方面

居住空间形态演化分析的结论基于相关数据的收集和汇总,数据的完整度和准确度是

影响分析结果的重要一环。但是部分地区和项目的资料,特别是城市外围地区资料的相对不完整,影响了全方位的客观分析。并且,由于技术本身(尤其是基于 GIS 的计算机分析模型)尚处发展阶段,居住形态发展的完整机制尚难以通过该平台加以剖析。

(2) 评价机制方面

城市居住空间形态是受多重因素影响的复杂系统,因此在多因子分析的过程中,运用的数理统计和计算方法尚较为简单。城市居住形态演变及宜居度评价研究还需进一步结合社会经济各方面和各个社会群体的研究才能更加具有现实意义。笔者将进一步深化城市居住空间形态与城市空间结构及外部因素之间的关系研究,深入探讨居住形态演化发展的内在规律。

(3) 理论分析方面

限于知识结构的制约,进一步的研究需要运用更多的理论去解释现象,应在更多角度的层面详细剖析产生问题的原因,分析研究的广度和深度有待进一步提高。

9.4 结语

居住形态的演变是城市发展进程中的重要方面,其特征和演变机制历来是一个复杂和热门的研究领域,通过本次研究,希望能够归纳和解释近年来我国城市化过程中出现的一部分现象和趋势。

一方面,任何一种城市现象都植根于特定的社会经济背景。国外的成功模式并非放之四海而皆准,无法简单地进行嫁接或移植,不能只研究其表现形式而忽视其生长的土壤。我国的城市化道路在遵循城市化发展一般规律的同时,更具有其特殊性。后发优势使我国能对西方经历的"郊区化""新区发展"以及"城市更新"模式进行反思和借鉴,趋利避害。寻求一种适合中国发展、具有中国特色的城市和居住模式,是我们在实现现代化的征途中所必须面对的命题。

另一方面,系统论的观点认为事物之间存在着不同的组织等级和层次,各自的组织能力不同。如果在一个特定的层次上出现了难以解决的矛盾和问题,那么只有到上一个层次去寻求解决方式。近年来我国大城市居住形态的发展是处于高速城市化和转型期市场经济体制这一宏观背景之下的。要使居住形态朝着良性的轨道发展,需要不断地在理念上更新发展观念,在制度上深化改革,在经济上不断进步,以创造良好的外部环境。

城市居住形态演变的背后,交织着城市规划思想上的发展和碰撞,从花园城市、光明城市、城市更新运动到当代的新城市主义、紧缩城市,无一不对居住形态的发展起到重要的影响。而在这些思想的更深处,是科学主义和人本主义所代表的乐观信心和谨慎反思。在人类追求更加美好的生活方式的前进道路上,前者狂飙猛进地提供动力,而后者则不断温情脉脉地修正方向。从居住形态发展的曲折过程中,可以清晰地看到这两种力量的交织作用。作为一种职业性的理想主义者,城市的研究者和设计者具有无法摆脱的社会责任,也有义务坚持信念和原则,在城市发展的"效率、质量、公平"三者之间找到平衡。

主要参考文献

专(译)著

[1] 斯蒂芬·加得纳. 人类的居所:房屋的起源和演变[M]. 汪瑞,等译. 北京:北京大学出版社,2006

[2] 迈克·詹克斯,等. 紧缩城市——一种可持续发展的城市形态[M]. 周玉鹏,等译. 北京:中国建筑工业出版社,2004

[3] 米歇尔·福柯. 规训与惩罚[M]. 刘北成,杨远婴,译. 北京:生活·读书·新知三联书店,2007

[4] 詹姆斯·E. 万斯. 延伸的城市——西方文明中的城市形态学[M]. 凌霓,潘荣,译. 北京:中国建筑工业出版社,2007

[5] 刘易斯·芒福德. 城市发展史:起源、演变和前景[M]. 宋俊岭,倪文彦,译. 北京:中国建筑工业出版社,2005

[6] 威尔弗利德·柯霍. 建筑风格学[M]. 陈滢世,译. 沈阳:辽宁科学技术出版社,2006

[7] 曼纽尔·卡斯特. 网络社会的崛起[M]. 夏铸九,等译. 北京:社会科学文献出版社,2006

[8] 曼纽尔·卡斯特. 千年终结[M]. 夏铸九,等译. 北京:社会科学文献出版社,2006

[9] 曼纽尔·卡斯特. 认同的力量[M]. 曹荣湘,译. 北京:社会科学文献出版社,2006

[10] 丹尼尔·贝尔. 资本主义文化矛盾[M]. 严蓓雯,译. 南京:江苏人民出版社,2007

[11] 马克斯·韦伯. 韦伯作品集[M]. 康乐,等译. 桂林:广西师范大学出版社,2004

[12] 阿摩斯·拉普卜特. 宅形与文化[M]. 常青,徐菁,等译. 北京:中国建筑工业出版社,2007

[13] 艾尔·巴比. 社会研究方法[M]. 邱泽奇,译. 北京:华夏出版社,2009

[14] 杰拉尔德·A. 波特菲尔德,等. 社区规划简明手册[M]. 张晓军,潘芳,译. 北京:中国建筑工业出版社,2003

[15] 道格拉斯·凯尔博. 共享空间——关于邻里与区域设计[M]. 吕斌,等译. 北京:中国建筑工业出版社,2007

[16] 扬·盖尔. 交往与空间[M]. 何人可,译. 北京:中国建筑工业出版社,2002

[17] 布林顿. 西方近代思想史[M]. 王德昭,译. 上海:华东师范大学出版社,2005

[18] 尼古拉斯·佩夫斯纳,等. 反理性主义者与理性主义者[M]. 邓敬,等译. 北京:中国建筑工业出版社,2003

[19] 罗伯特·雷德菲尔德. 原始世界及其转型[M]. 纽约州伊萨卡:康奈尔大学出版社,1953

[20] 阿瑟·梅尔霍夫. 社区设计[M]. 谭新娇,译. 北京:中国社会出版社,2002

[21] 大卫·沃尔特斯,等. 设计先行——基于设计的社区规划[M]. 张倩,等译. 北京:中国建筑工业出版社,2006

[22] 美国城市土地协会. 联合开发——房地产开发与交通的结合[M]. 郭颖,译. 北京:中国建筑工业出版社,2003

[23] 美国城市土地协会. 社区参与:开发商指南[M]. 马鸿杰,等译. 北京:中国建筑工业出版社,2004

[24] 大卫·路德林,尼古拉斯·福克. 营造21世纪的家园——可持续的城市邻里社区[M]. 王健,单燕华,

译.北京:中国建筑工业出版社,2005

[25] 查尔斯·詹克斯,等.当代建筑的理论和宣言[M].周玉鹏,等译.北京:中国建筑工业出版社,2005
[26] 柯布西耶.明日之城市[M].李浩,译.北京:中国建筑工业出版社,2009
[27] 约瑟夫·里克沃特.城之理念——有关罗马、意大利及古代世界的城市形态人类学[M].刘东洋,译.北京:中国建筑工业出版社,2006
[28] 凯文·林奇.城市形态[M].林庆怡,等译.北京:华夏出版社,2001
[29] 凯文·林奇.城市意象[M].方益萍,等译.北京:华夏出版社,2001
[30] 亨利·皮雷纳.中世纪的城市[M].上海:商务印书馆,1985
[31] 安东尼·奥罗姆,陈向明.城市的世界——对地点的比较分析和历史分析[M].曾茂娟,任远,译.上海:上海人民出版社,2005
[32] 柯林·罗,弗瑞德·科特.拼贴城市[M].童明,译.北京:中国建筑工业出版社,2003
[33] 肯尼斯·弗兰姆普敦.现代建筑——一部批判的历史[M].张钦楠,译.北京:生活·读书·新知三联书店,2004
[34] 刘易斯·托马斯.细胞生命的礼赞[M].李绍明,译.长沙:湖南科学技术出版社,1992
[35] 琳达·格鲁特,等.建筑学研究方法[M].王晓梅,译.北京:机械工业出版社,2005
[36] 伊利尔·沙里宁.城市:它的发展衰败与未来[M].顾启源,译.北京:中国建筑工业出版社,1986
[37] W 博奥席耶.勒·柯布西耶全集 1～8 卷[M].牛燕芳,程超,译.北京:中国建筑工业出版社,2005
[38] 齐康.风景环境与建筑[M].南京:东南大学出版社,1989
[39] 齐康.城市建筑[M].南京:东南大学出版社,2001
[40] 齐康.城市环境规划设计与方法[M].北京:中国建筑工业出版社,1997
[41] 聂兰生,邹颖,舒平.21 世纪中国大城市居住形态解析[M].天津:天津大学出版社,2004
[42] 汪民安,陈永国,马海良.城市文化读本[M].北京:北京大学出版社,2008
[43] 吕俊华,彼得·罗,张杰.中国现代城市住宅(1840—2000)[M].北京:清华大学出版社,2003
[44] 沈玉麟.外国城市建设史[M].北京:中国建筑工业出版社,1989
[45] 汪德华.中国城市规划史纲[M].南京:东南大学出版社,2005
[46] 荆其敏,张丽安.中外传统民居[M].天津:百花文艺出版社,2004
[47] 武进.中国城市形态:结构、特征及其演变[M].南京:江苏科学技术出版社,1990
[48] 丁晓金,等.现代西方哲学辞典[M].上海:上海辞书出版社,2007
[49] 段进.城市空间发展论[M].南京:江苏科学技术出版社,1999
[50] 刘敦桢.中国住宅概说[M].天津:百花文艺出版社,2004
[51] 储金龙.城市空间形态定量分析研究[M].南京:东南大学出版社,2007
[52] N 施奈尔,S 西门.庭院住宅[M].蒙特利尔:麦吉尔大学出版社,1962
[53] 董鉴泓.中国城市建设史[M].北京:中国建筑工业出版社,1989
[54] 潘谷西.中国建筑史[M].北京:中国建筑工业出版社,2002
[55] 陈志华.外国建筑史[M].北京:中国建筑工业出版社,1999
[56] 刘先觉,沈玉麟,吴焕加.外国近现代建筑史[M].北京:中国建筑工业出版社,1998
[57] 张京祥,等.全球化世纪的城市密集地区发展与规划[M].北京:中国建筑工业出版社,2008
[58] 徐琦,莱瑞·赖恩,邓福贞.社区社会学[M].北京:中国社会出版社,2004
[59] 中共中央马克思恩格斯列宁斯大林著作编译局.马克思恩格斯选集[M].北京:人民出版社,1995
[60] 于文杰.现代化进程中的人文主义[M].重庆:重庆出版社,2006
[61] 孙施文.现代城市规划理论[M].北京:中国建筑工业出版社,2008
[62] 孙群郎.美国城市郊区化研究[M].上海:商务印书馆,2005

[63] 赵民,赵蔚. 社区发展规划——理论与实践[M]. 北京:中国建筑工业出版社,2003
[64] 王旭. 美国城市发展模式——从城市化到大都市区化[M]. 北京:清华大学出版社,2006
[65] 滕尼斯. 社区与社会[M]. 北京:商务印书馆,1999
[66] 罗德启. 贵州民居[M]. 北京:中国建筑工业出版社,2008
[67] 黄浩. 江西民居[M]. 北京:中国建筑工业出版社,2008
[68] 陆琦. 广东民居[M]. 北京:中国建筑工业出版社,2008
[69] 陆元鼎. 中国民居建筑年鉴(1988—2008)[M]. 北京:中国建筑工业出版社,2008
[70] 联合国人居署. 和谐城市——世界城市状况报告 2008/2009[M]. 北京:中国建筑工业出版社,2008
[71] 郭志明,等. 2008 人居动态——全国人居经典建筑规划设计方案竞赛获奖作品精选[M]. 武汉:华中科技大学出版社,2008
[72] 张驭寰. 中国城池史[M]. 北京:百花文艺出版社,2003
[73] 《大师系列丛书》编辑部. 瑞姆·库哈斯的作品与思想[M]. 北京:中国电力出版社,2004
[74] 戴志中,刘晋川,李鸿烈. 城市中介空间[M]. 南京:东南大学出版社,2003
[75] 韩冬青,冯金龙,等. 城市·建筑一体化设计[M]. 南京:东南大学出版社,1999
[76] 简·雅各布斯. 美国大城市的死与生[M]. 金衡山,译. 南京:译林出版社,2005
[77] 宋小冬,叶嘉安. 地理信息系统及其在城市规划与管理中的应用[M]. 北京:科学出版社,1995
[78] 黄光宇,陈勇. 生态城市理论与规划设计方法[M]. 北京:科学出版社,2002
[79] 李翅. 走向理性之城——快速城市化进程中的城市新区发展与增长调控[M]. 北京:中国建筑工业出版社,2006
[80] 刘健. 基于区域整体的郊区发展——巴黎的区域实践对北京的启示[M]. 南京:东南大学出版社,2004
[81] 刘先觉. 现代建筑理论:建筑结合人文科学自然科学与技术科学的新成就[M]. 北京:中国建筑工业出版社,1999
[82] 卢为民. 大都市郊区住区的组织与发展——以上海为例[M]. 南京:东南大学出版社,2002
[83] 王彦辉. 走向新社区——城市居住社区整体营造理论与方法[M]. 南京:东南大学出版社,2003
[84] 夏海山. 城市建筑的生态转型与整体设计[M]. 南京:东南大学出版社,2006
[85] 徐磊青,杨公侠. 环境心理学[M]. 上海:同济大学出版社,2004
[86] 张京祥. 西方城市规划思想史纲[M]. 南京:东南大学出版社,2005
[87] 章俊华. 规划设计学中的调查分析法与实践[M]. 北京:中国建筑工业出版社,2005
[88] 周俭. 城市居住区规划原理[M]. 上海:同济大学出版社,1999
[89] 周一星,孟延春. 北京的郊区化及其对策[M]. 北京:中国科学出版社,2000
[90] 朱喜钢. 城市空间集中与分散论[M]. 北京:中国建筑工业出版社,2002
[91] Manum B. Apartment Layouts and Domestic Life-the Interior Space and its Usability[M]. Oslo School of Architecture and design,2006
[92] Marcus S. Apartment Stories:City and Home in Nineteenth-century Paris and London[M]. University of California Press,1999
[93] MVRDV. Metacity/Datatown[M]. MVRDV/010 Publishers,1999
[94] MVRDV. Mvrdv:Km3:Excursions on Capacity[M]. Actar,2006
[95] Betsy Klimasmith. At Home in the City:Urban Domesticity in American Literature and Culture, 1850—1930[M]. University of New Hampshire Press,2005
[96] Komossa S. Atlas of the Dutch Urban Block[M]. Thoth Uitgeverij,2005
[97] Martyn Jones,Vic O'Brien. Best Practice Partnering in Social Housing Development[M]. Thomas Telford Publishing,2003

[98] R John Nolon, Duo Dickenson. Common walls/ Private homes: Multi-Residential Design[M]. Mcgraw-Hill, 1990

[99] L S Bourne. Internal Structure of the City: Readings on Space and Environment[M]. Oxford University Press, 1976

[100] S Wold. Principal Component Analysis[M]. Elsevier, 1987

[101] Rem Koolhaas. Delirious New York: A Retroactive Manifesto for Manhattan[M]. The Monacelli Press, 1997

[102] Lise Saglie, NIBR. Density and Town Planning Adapting Buildings for Changing[M]. Nordberg A S, 1998

[103] Jeremy Till, Tatjana Schneider. Flexible Housing[M]. Architectural Press, 2007

[104] Christian Gänshirt, Oliver Heckmann, et al. Floor Plan Manual: Housing[M]. Birkhäuser, 2004

[105] M Kloos, D Wendt. Formats for Living: Contemporary Floor Plans in Amsterdam[M]. ARCAM/ Architectura & Natura Press, 2004

[106] Michael Wolf. Front to Back: A design Agenda for Urban Housing[M]. Architectural Press, 2005

[107] J Rosemann. Future City[M]. Routledge, 2005

[108] R Turkington, et al. High-rise Housing in Europe: Current Trends and Future Prospects[M]. IOS Press/Delft University Press, 2004

[109] Amos Rapoport. House Form and Culture[M]. Prentice Hall, 1969

[110] UNDP. Human Development Report 1994[M]. United Nations Development Programme, 1994

[111] D Harvey. Social Justice and the City[M]. Johns Hopkins University Press, 1973

[112] Barbara Miller Lane. Housing and Dwelling[M]. Routledge, 2007

[113] Skifter Andersen. Housing Renewal in Europe[M]. Policy Press, 1999

[114] Roderick J Lawrence. Housings, Dwellings and Homes[M]. John Wiley & Sons Inc, 1991

[115] Azby Brown. Living Well in Small Home[M]. Kodansha International, 2005

[116] Suzanne de Laval. Methodologies in Housing Research[M]. Urban International Press, 2003

[117] Hilary French. New Urban Housing[M]. Yale University Press, 2006

[118] P Jenkins. Planning and Housing in The Rapidly Urbanising World[M]. Routledge, 2006

[119] Peter King. Private Dwelling[M]. Routledge, 2004

[120] Y Rydin. Residential Development and the Planning System[M]. Elsevier Science Pub Co, 1985

[121] Peter Hall. Cities of Tomorrow: An Intellectual History of Urban Planning and Design in The Twentieth Century[M]. Basil Black-well, 1988

[122] Mike Biddulph. Residential layout[M]. Architectural Press, 2007

[123] Paul Reeves. Social Housing[M]. Butterworth-Heinemann, 2005

[124] Peter Neal. Urban Villages and the Making of Communities[M]. Spon Press, 2003

[125] Saskia Sassen. Visionary Power[M]. NAi Publishers, 2007

[126] Alice T Friedman. Women and the Making of the Modern House[M]. Yale University Press, 2007

[127] David Byrne. Understanding the Urban[M]. Palgrave Macmillan, 2001

[128] Casper Dale E. Urban America Examined[M]. Garland, 1985

[129] Howard P Chudacoff, et al. The Evolution of American Urban Society[M]. 7th ed. Prentice Hall, 2009

[130] E Howard. Tomorrow: A Peaceful Path To Real Reform[M]. Cambridge University Press, 2010

学位论文

[131] 方可. 探索北京旧城居住区有机更新的适宜途径[D]. 北京：清华大学，1999

[132] 贺勇. 适宜性人居环境研究——"基本人居生态单元"的概念和方法[D]. 杭州：浙江大学，2004

[133] 施梁. 城市居住用地发展研究[D]. 南京：东南大学，2000

[134] 郭广东. 市场力作用下城市空间形态演变的特征和机制研究[D]. 上海：同济大学，2007

[135] 舒平. 中国城市住宅层数解析[D]. 天津：天津大学，2001

[136] 于文波. 城市社区规划理论与方法研究——探寻符合社会原则的社区空间[D]. 杭州：浙江大学，2005

[137] 朱怿. 从"居住小区"到"居住街区"——城市内部住区规划设计模式探析[D]. 天津：天津大学，2006

[138] 刘青昊. 城市的集中、分离与整合机制：镇江地区发展研究[D]. 南京：东南大学，1995

[139] 朱东风. 1990年代以来苏州城市空间发展[D]. 南京：东南大学，2006

期刊论文

[140] 齐康. 城市的形态[J]. 南京工学院学报，1982

[141] 江泓，张四维. 后工业化时代城市老工业区发展更新策略[J]. 北京：中国科学（E辑：科技科学），2009（5）

[142] John Punter，于立，叶隽. 控制城市形态的可持续发展原则[J]. 国外城市规划，2005（S1）

[143] 余庆康. 住房设计、城市形态与能承受的开发：未来住房前景展望[J]. 国外城市规划，1995（2）

[144] 陈海燕，贾倍思. 紧凑还是分散[J]. 城市规划，2006（5）

[145] 王慧. 新城市主义的理念与实践、理想与现实[J]. 国外城市规划，2002（3）

[146] 靳润成，张俊芳，刘君德. 新城市主义社区规划与设计的几大法则[J]. 经济地理，2004（3）

[147] 金逸民. 迎接世界城市化挑战实现人居可持续发展[J]. 中国人口·资源与环境，1996（3）

[148] 刘青昊. 城市形态的生态机制[J]. 城市规划，1995（2）

[149] 陈海燕，贾倍思，S Ganesan. "紧凑居住"：中国未来城郊住宅可持续发展的方向？[J]. 建筑师，2004（1）

[150] 陈顺清. 容积率的确定及其对土地开发效益的影响[J]. 武汉城市建设学院学报，1995（2）

[151] 陈卫，孟向京. 中国人口容量与适度人口问题研究[J]. 市场与人口分析，2000（1）

[152] 达良俊，王雪莹，汪军英. 省地宜居型住宅[J]. 城市问题，2006（2）

[153] 丁成日. 中国城市的人口密度高吗？[J]. 城市规划，2004（8）

[154] 杜春宇. 密度的研究——南京老城住宅区人口密度与环境状况关系分析[J]. 华中建筑，2004（6）

[155] 费移山，王建国. 高密度城市形态与城市交通——以香港城市发展为例[J]. 新建筑，2004（5）

[156] 孙建勋，陈绵云，张曙红. 用模糊方法挖掘量化关联规则[J]. 计算机工程与应用，2003（18）

[157] 韩利，梅强，陆玉梅，等. AHP-模糊综合评价方法的分析与研究[J]. 中国安全科学学报，2004（7）

[158] 高蓉，杨昌鸣. 城市高密度地区公共空间的人性化整治[J]. 中外建筑，2003（3）

[159] 郭磊. 紧凑城市[J]. 城市规划通讯，2005（21）

[160] 方可，章岩. 简·雅各布斯关于城市多样性的思想及其对旧城更新的启示[J]. 华中建筑，1998（4）

[161] 汪原. "生成"、"创造"以及形式化的悖论——关于《城市并非树型》的形而上学批判[J]. 建筑师，2006（3）

[162] 韩笋生，秦波. 借鉴紧凑城市理念实现我国城市的可持续发展[J]. 国际城市规划，2009（S1）

[163] 韩晓晖，张晔. 居住组团模式日照与密度的研究[J]. 住宅科技，1994（9）

[164] 蒋竞，丁沃沃. 从居住密度的角度研究城市的居住质量[J]. 现代城市研究，2004（7）

[165] 金涛,吴莉娅.保罗·索勒瑞.紧凑型人居模式评析[J].现代城市研究,2006(4)
[166] 伍端.流动文脉——库哈斯的CCTV新总部大楼方案解读[J].时代建筑,2003(2)
[167] 唐子来.西方城市空间结构研究的理论和方法[J].城市规划汇刊,1997(6)
[168] 吴志强.百年现代城市规划中不变的精神和责任[J].城市规划,1999(1)
[169] 李滨泉,李桂文.在可持续发展的紧缩城市中对建筑密度的追寻——阅读MVRDV[J].华中建筑,2005(5)
[170] 梁鹤年.精明增长[J].城市规划,2005(10)
[171] 阎亚宁.中国地方城市形态研究的新思维[J].重庆建筑大学学报(社会科学版),2001(2)
[172] 林坚.地价 容积率 城市规划[J].北京规划建设,1994(4)
[173] 刘珩.密度的第二性[J].时代建筑,2003(2)
[174] 刘燮明.香港住宅用地的提供[J].城市规划,1996(6)
[175] 刘志玲,李江风,龚健.城市空间扩展与"精明增长"中国化[J].城市问题,2006(5)
[176] 毛蒋兴,阎小培,王芳.高密度土地开发对交通系统的影响——以广州为例[J].规划师,2004(12)
[177] 聂梅生.关于节能节地型住宅的思考[J].中国建材科技,2006(3)
[178] 潘国城.香港的高密度发展[J].城市规划,1996(6)
[179] 潘海霞.容积率超标建设现象及应对策略探讨[J].城市规划,2003(8)
[180] 彭高峰,蒋万芳,陈勇.新区建设带动旧城改造 优化城市空间结构[J].城市规划,2004(2)
[181] 钱本德.矩形点式住宅的紧凑长宽比[J].住宅科技,1994(3)
[182] 钱本德.住宅紧凑外形探讨[J].住宅科技,1994(8)
[183] 秦佑国.居住密度与人居环境的思考[J].建设科技,2004(2)
[184] 段进.关于我国城市规划体系结构的思考[J].规划师,1999(4)
[185] 韩涛,管亚锋,宁天阳.中小城市TOD街区体系发展模式研究——基于对南京、苏州、无锡城市住区模式的研究[J].江苏城市规划,2007(6)
[186] 师雁.改善城市建筑间距管理的任务与对策[J].规划师,2004(2)
[187] 施衡.极限——MVRDV的概念及研究[J].城市建筑,2004(3)
[188] 汪光焘.建设节约型社会必须抓好建筑"四节"——关于建设节能省地型住宅和公共建筑的几点思考[J].建设科技,2005(9)
[189] 王群.密度的实验[J].时代建筑,2000(2)
[190] 王珊,何剑民.试论规划审批中的容积率管理[J].国土资源导刊,2006(1)
[191] 吴恩融,吴蔚.浅析高密度城市环境中的天然采光设计[J].照明工程学报,2003(1)
[192] 吴明,何东升.住宅建筑的间距计算[J].城市问题,2004(6)
[193] 肖诚.欧美对居住密度与住宅形式关系的探讨[J].南方建筑,1998(3)
[194] 谢华.新加坡"花园城市"建设之研究[J].中国园林,2000(6)
[195] 谢守红,宁越敏.城市化与郊区化:转型期都市空间变化的引擎[J].城市规划,2003(11)
[196] 谢小萍,陆民,李文驹.城市中心区高层低密度住宅发展现状及比较研究[J].华中建筑,2004(5)
[197] 许晓利,苏维.城市绿地空间的再创造——垂直绿化[J].河北林果研究,2004(3)
[198] 杨靖.城市公共化的建筑空间探究[J].新建筑,2004(2)
[199] 杨松绮,陈韦.对我国住宅合理密度的初探[J].城市规划,2005(3)
[200] 于振阳,王先.商品住宅的进深、面宽、开间与容积率[J].建筑创作,2003(8)
[201] 袁也利.容积率·高层建筑·居住区环境[J].北京规划建设,2002(5)
[202] 张京祥,崔功豪,朱喜钢.大都市空间集散的景观、机制与规律[J].地理学与国土研究,2002(3)
[203] 张开济.多层和高层之争——有关高密度住宅建设的争论[J].建筑学报,1990(11)

[204] 张磊. 面向21世纪的亚洲热带大城市——新加坡建筑师郑庆顺的亚洲热带城市概念评述[J]. 规划师, 2002(9)

[205] 张骁鸣. 香港新市镇与郊野公园发展的空间关系[J]. 城市规划学刊, 2005(6)

[206] 张彧. 小区土地利用"绿色"设计趋势[J]. 新建筑, 2003(2)

[207] 赵守谅, 陈婷婷. 在经济分析的基础上编制控制性详细规划——从美国区划得到的启示[J]. 国外城市规划, 2006(1)

[208] 陈占祥. 马丘比丘宪章[J]. 城市规划研究, 1979(1)

[209] 朱旭玲. 关于居住小区建设中有待解决的问题[J]. 中外建筑, 2000(4)

[210] 赵勇伟. 中心区高密度协调单元的构建——一种整体适应的城市设计策略[J]. 建筑学报, 2005(7)

[211] 周俭, 蒋丹鸿, 刘煜. 住宅区用地规模及规划设计问题探讨[J]. 城市规划, 1999(1)

[212] 周俭, 张恺. 优化城市居住小区规划结构的基本框架[J]. 城市规划汇刊, 1999(6)

[213] 周素红, 闫小培. 广州城市居住—就业空间及对居民出行的影响[J]. 城市规划, 2006(5)

[214] 朱自煊. 也谈北京住宅建设不能套用香港模式[J]. 建筑学报, 1998(9)

[215] 庄诚炯, 刘冰, 潘海啸. 由2.1到2.5——容积率变更引发的思考[J]. 规划师, 2002(11)

[216] 卓健. 速度·城市性·城市规划[J]. 城市规划, 2004(1)

[217] 邹德慈. 容积率研究[J]. 城市规划, 1994(1)

[218] 邹经宇, 张晖. 适合高人口密度的城市生态住区研究——关于香港模式的思考[J]. 新建筑, 2004(4)

[219] 舒平. 胡建新. 当前城市住宅用地分析[J]. 建筑学报, 1998(11)

[220] Chanjin Chung, Samuel L Myers Jr, Lisa Saunders. Racial Differences in Transportation Access to Employment in Chicago and Los Angeles[J]. American Economic Review, 2001, 91(2):174-177

[221] John Hudson. Boundaries and Conservation[J]. Structural Survey, 2000, 18(5): 192-194

[222] Clayton James L. Defense Spending: Key to California's Growth[J]. The Western Political Quarterly, 1962, 15(2):280-293

[223] Coons Arthur G. The Changing Pattern of Southern California's Economy[J]. Annals of the American Academy of Political and Social Science, 1942, 222: 137-142

[224] Coquery-Vidrovitch Catherine. Is L. A. a Model or a Mess? [J]. The American Historical Review, 2000, 105(5):1683-1691

[225] Cottrell Edwin A. The Metropolitan Water District of Southern California[J]. The American Political Science Review, 1932, 26(4):695-697

[226] Dagger Richard. Metropolis, Memory, and Citizenship[J]. American Journal of Political Science, 1981, 25(4):715-737

[227] C Alexander. A City is Not a Tree[J]. Architectural Forum, 1965, 122(1): 58-62(Part I), 122(2): 58-62(Part II)

[228] Dear Michael, Steven Flusty. Postmodern Urbanism[J]. Annals of the Association of American Geographers, 1998, 88(1):50-72

[229] J Friedmann. The World City Hypothesis[J]. Development and Change, 1986

[230] Dear Michael. The Premature Demise of Postmodern Urbanism[J]. Cultural Anthropology, 1991, 6(4):538-552

[231] Dear Michael. The Iron Lotus:Los Angeles and Postmodern Urbanism[J]. Annals of the American Academy of Political and Social Science, 1997, 551:151-163

[232] Michael Dear, Gregg Wassmansdorf. Postmodern Consequences[J]. Geographical Review, 1993, 83

(3):321-325
[233] Michael Dear. The Postmodern Challenge: Reconstructing Human Geography[J]. Transactions of the Institute of British Geographers,1988,13(3):262-274
[234] Ebner Michael H. Re-Reading Suburban America: Urban Population Deconcentration,1810—1980 [J]. American Quarterly,1985,37(3):368-381
[235] Ellis Mark, Richard Wright. The Industrial Division of Labor Among Immigrants and Internal Migrants to the Los Angeles Economy[J]. International Migration Review,1999,33(1):26-54
[236] Finney Miles. The Los Angeles Economy: A Short Overview[J]. Cities,1998,15(3):149-153

其他参考文献

[237] 南京市规划局,南京市城市规划编制研究中心.2005年南京城市规划年度报告,2006
[238] 南京市规划局,南京市城市规划编制研究中心.2007年南京城市规划年度报告,2008
[239] 南京大学建筑学院,南京市规划局城市空间形态及其塑造控制研究小组.南京城市空间形态及其塑造控制研究报告,2007
[240] 东南大学建筑学院.南京老城空间形态优化和形象特色塑造,2002
[241] 东南大学建筑学院,东南大学—联合国教科文组织,GIS中心.南京历史文化名城保护,2007
[242] 南京市规划局,南京大学文化与自然遗产研究所,南京市城市规划编制研究中心.南京城市空间的历史演变及其文化内涵研究,2007
[243] 中共南京市委宣传部,南京市规划局."让我们的城市更美——从规划看城市变化展览",2003
[244] 南京市规划局.1990—2008年都市区居住用地面积变化,2001
[245] 南京市规划局.南京市主城土地利用规划引导图,2001
[246] 南京市规划局.南京市域空间利用规划图,2001
[247] 南京市规划局.南京都市区空间利用规划图,2001

附 录

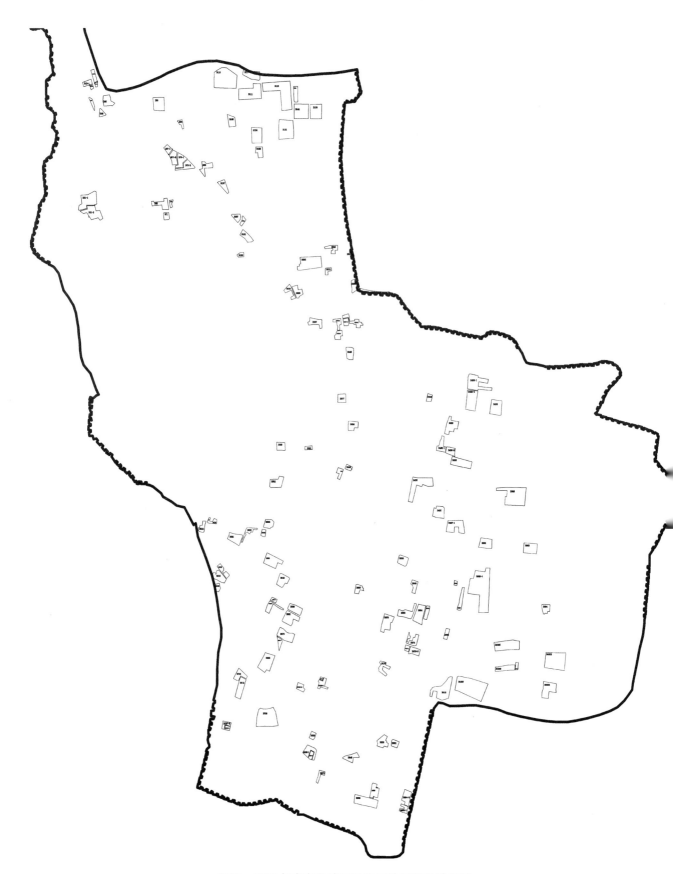

2001—2008年南京老城区居住用地更新地块编号

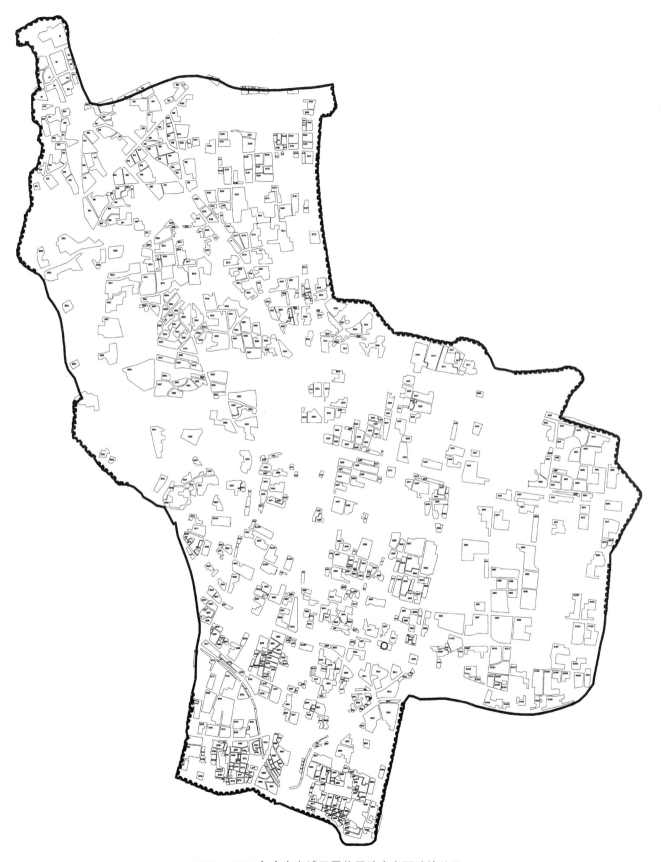

2001—2008 年南京老城区居住用地未变更地块编号

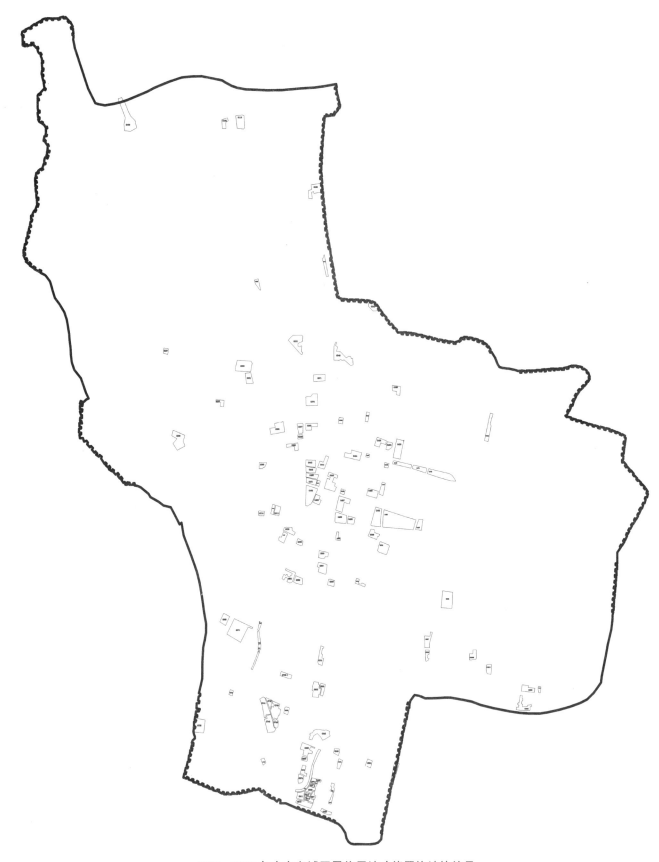

2001—2008 年南京老城区居住用地功能置换地块编号